Sur le chemin de l'intégration

Comprendre la Zone de libre-échange continentale africaine

Emmanuel MBARGA

Sur le chemin de l'intégration

Comprendre la Zone de libre-échange continentale africaine

Préface de Luc Magloire Mbarga Atangana

L'Harmattan
Cameroun

5-7, rue de l'Ecole-Polytechnique, 75005 Paris

http://www.editions-harmattan.fr

ISBN : 978-2-343-24420-4
EAN : 9782343244204

Je dédie cet ouvrage :

À feu mon père, Georges Evini,
À l'époque où j'écrivais des journaux, tu avais voulu que j'écrive un jour un livre. Maintenant, c'est fait !

À ma maman, Justine Nguélé,
Je te dis mille fois merci pour ces sacrifices consentis pour mon éducation.
La leçon a été retenue et elle s'applique.

Aux autres cinq membres du Club paritaire des six Mbarga : Pauline Bertille Mbarga, Gaelle Ebodé Mbarga, Inès Mbarga Eyenga, Dior Mbarga Evini, Sony Mbarga Zoua,
Ce travail est bien le nôtre.

À mes collègues négociateurs en chef des cinquante-quatre autres pays membres de l'Union Africaine,
Pour ces inoubliables moments passés ensemble à négocier à travers notre continent,
L'esprit du consensus a été notre force.

« Notre objectif, c'est, dès maintenant, l'unité africaine. Il n'y a pas de temps à perdre. Nous devons maintenant nous unir ou périr (...) Il n'est pas d'actes sporadiques, il n'est pas d'intentions pieuses qui puissent résoudre nos problèmes actuels. Rien ne pourra nous servir, en dehors d'une action commune exécutée par une Afrique unie (...) Nul d'entre nous, travaillant seul et individuellement, ne peut parvenir à réaliser son développement intégral. »

(Extrait du discours prononcé le 24 mai 1963 par Kwame Nkrumah, Président du Ghana, lors du Sommet des Chefs d'État africains ayant abouti à la création de l'Organisation de l'Unité Africaine.

« La Zone de Libre-Échange Continentale Africaine soulève beaucoup d'espoir, l'espoir d'une Afrique en marche vers le développement inclusif et durable. C'est un voyage qui nécessite la participation de toutes les couches de la société africaine. Nous devons donc mobiliser toutes ces couches et travailler ensemble pour produire rapidement des résultats qui nous aideront à bâtir l'Afrique que nous voulons, *tel que prévu par l'Agenda 2063 de l'Union Africaine »*

(Extrait du rapport présenté par Mamadou Issoufou, Président du Niger et Champion de la ZLECAf, lors du 13e Sommet extraordinaire des Chefs d'État et de gouvernement de l'Union Africaine, le 5 décembre 2020 à Addis-Abeba).

LISTE DES ABRÉVIATIONS

AFREXIM BANK : Banque Africaine d'Import-Export

APE : Accord de Partenariat Économique

BAD : Banque Africaine de Développement

CAE : Communauté de l'Afrique de l'Est

CAPC : Centre Africain des Politiques Commerciales

CEA : Commission Économique pour l'Afrique

CEDEAO : Communauté Économique des États de l'Afrique de l'Ouest

CEEAC : Communauté Économique des États de l'Afrique Centrale

CEMAC : Communauté Économique et Monétaire de l'Afrique Centrale

CENSAD : Communauté des États Sahélo-Sahariens

CER : Communautés Économiques Régionales

CNUCED : Commission des Nations Unies pour le Commerce et le Développement

COMESA : Marché Commun de l'Afrique Australe

COREP : Comité des Représentants Permanents

CUA : Commission de l'Union Africaine.

FMI : Fonds Monétaire International

GATT : General Agreement on Trade and Tarifs (Accord Général sur le Commerce et les Tarifs Douaniers)

IGAD : Autorité Intergouvernementale pour le Développement

KCC : Kigali Conferences Center (Centre des Conférences de Kigali)

NEPAD : Nouveau Partenariat pour le Développement de l'Afrique

OIF : Organisation Internationale de la Francophonie

OMC : Organisation Mondiale du Commerce

OUA : Organisation de l'Unité Africaine

PAS : Programme d'Ajustement Structurel

PIB : Produit Intérieur Brut

PMA : Pays Moins Avancé

PME : Petite et Moyenne Entreprise

RDC : République Démocratique du Congo

SACU : Union Douanière de l'Afrique Australe

SADC : Communauté de Développement de l'Afrique Australe

UA : Union Africaine

UE : Union Européenne

UEMOA : Union Économique et Monétaire Ouest-Africaine

UMA : Union du Maghreb Arabe

ZEP : Zone d'Échanges Préférentiels

ZLECAf : Zone de Libre-Échange Continentale Africaine

AVANT-PROPOS

Je m'étais promis de trouver un moyen de relater au grand public les difficultés rencontrées lors d'un voyage que j'ai effectué, de Yaoundé à Abuja, au mois de novembre 2017. J'occupais en ce moment la fonction de négociateur en chef du Cameroun pour la mise en place de la Zone de Libre-Échange Continentale Africaine (ZLECAf). Ce livre apparaît donc pour moi comme une excellente occasion de pouvoir le faire.

Pour ceux qui ne le savent pas, le Cameroun et le Nigéria sont des pays voisins séparés par une frontière maritime et terrestre longue d'environ 1600 km. Les deux capitales, Yaoundé et Abuja, sont séparées, à vol d'oiseau, d'une distance de 728 km.

Je précise que, pour ce voyage, la Commission de l'Union Africaine (CUA) avait pris en charge le déplacement des négociateurs des différents pays et j'avais reçu un billet d'avion d'une célèbre compagnie aérienne africaine pour prendre part à un important round de négociations, décisif pour la signature, quatre mois plus tard, de l'Accord portant création de la ZLECAf.

Le moins que l'on puisse dire est que le trajet choisi par cette compagnie aérienne a été des plus surréalistes. Le lecteur en jugera par lui-même au travers du présent récit.

Partis de Yaoundé le 5 novembre 2017 à 8H20mn, nous avons atterri, cinquante minutes plus tard, à Libreville après un parcours de 449 km. J'y ai passé le reste de la journée et la nuit suivante, pour reprendre un deuxième vol de la même compagnie le lendemain matin à 9H50mn, et revenir à Douala, au Cameroun, après 407 km de vol, à environ 240 km de Yaoundé, d'où j'étais parti la veille.

Par la suite, j'ai dû effectuer, avec escales successives, l'itinéraire Douala-Lagos (753 km), Lagos-Lomé (244 km), Lomé-Ouagadougou (755 km) et, enfin, Ouagadougou-Abuja (1056 km). L'escale de Lomé s'est déroulée avec changement d'avion.

Finalement, je suis arrivé à destination le 6 novembre 2018, en fin d'après-midi. En fin de compte, pour partir de Yaoundé et rejoindre la ville d'Abuja, située, à vol d'oiseau, à une distance de 728 km, il nous a fallu faire une balade de 3664 km, totalement superflue.

En émaillant mon récit de détails riches de sens, les tribulations liées à ce voyage mémorable seraient les suivantes : parti du Cameroun (Yaoundé) la veille pour Abuja dans le Nigéria voisin, j'y suis revenu le lendemain (Douala). S'en sont suivis une série de transits, Lagos [Nigéria], Lomé [Togo], Ouagadougou [Burkina Faso], dont le plus étonnant est Lagos dans le pays de destination finale, une ville située à 536 km d'Abuja, mon point de chute. Je suis donc entré au Nigéria, tout juste pour en ressortir, le temps de faire un détour dans deux autres pays, avant d'y retourner de nombreuses heures plus tard. Il apparait clairement que j'ai subi, au cours de ce voyage, les conséquences d'une situation préjudiciable dont souffre encore aujourd'hui notre continent. Il s'agit, de manière générale, d'une véritable carence d'infrastructures dédiées à l'intégration régionale, voire continentale en ce XXIe siècle reconnu pourtant comme étant celui de la mondialisation des économies et de la globalisation accélérée des échanges des personnes, des marchandises, des services et des capitaux. D'aucuns diraient que pendant que les autres continents sont entrés de plain-pied dans l'ère de la quatrième révolution industrielle, celle du numérique caractérisée par l'accélération de l'innovation et de la vitesse des bouleversements socio-économiques, l'Afrique, elle, traîne encore le pas.

Faut-il le redire ici, cette situation vécue avec beaucoup de peine demeure le lot quotidien des voyageurs sur le continent africain, obligés qu'ils sont d'effectuer des correspondances dans des pays éloignés pour se rendre dans un pays voisin. Elle démontre aussi à suffisance que voyager aujourd'hui d'un point à un autre sur le continent noir relève encore très souvent d'une gageure.

La vérité est que les voyages en Afrique sont encore chers et fastidieux. Il est peu compréhensible qu'on doive débourser par exemple la somme de 250 000 FCFA (environ 450 dollars) pour un billet d'avion aller et retour, en classe économique, sur l'itinéraire Yaoundé-Libreville, sur une distance, à vol d'oiseau, de 449 km.

Dans les faits, il est parfois plus facile, comble de l'absurde, d'aller d'une capitale de l'Afrique subsaharienne à une autre en passant par l'Europe ou le Maghreb.

L'on ne peut alors s'empêcher de se rappeler, en se référant aux données de la Conférence des Nations Unies pour le Commerce et le

Développement (CNUCED) pour 2018, que l'Afrique, c'est encore, au mieux, 17 % des échanges commerciaux intracontinentaux contre plus de 69 % pour l'Europe, 59 % pour l'Asie, 50 % pour l'Amérique du Nord et 26 % pour l'Amérique du Sud.

Les chiffres ci-dessus et les difficultés décrites plus haut suffisent à convaincre que la signature de l'Accord portant création de la ZLECAf est porteuse de nombreux espoirs, mais aussi de fortes espérances pour les femmes et les hommes de notre continent.

Au demeurant, en prenant en compte l'enthousiasme ambiant observé le 21 mars 2018 à Kigali, une question demeure et hante certains : pourquoi avoir attendu si longtemps avant d'en arriver là, alors même que des initiatives en matière d'intégration régionale et de construction de l'unité de l'Afrique ont été lancées depuis des décennies, pratiquement au même moment que lors du démarrage de la construction européenne, à la fin des années1950 ?

PRÉFACE

C'est pour moi un réel bonheur et un motif de fierté de préfacer le livre de Monsieur Emmanuel MBARGA, consacré à la Zone de Libre-Échange Continentale Africaine. J'ai encore en mémoire cette 18e session de la Conférence des Chefs d'État et de gouvernement de l'Union Africaine du mois de janvier 2012 à Addis-Abeba, en Éthiopie, au cours de laquelle les jalons de cet ambitieux projet avaient été posés. C'est à cette occasion que la décision fut en effet prise, par nos Chefs d'État, de mettre en place, à l'horizon 2017, cet important instrument d'intégration africaine, moteur de l'émergence du continent et de son positionnement comme puissance économique et commerciale mondiale.

Certes, dans l'esprit de certains observateurs, c'était du déjà vu et l'initiative était considérée comme mort-née, vouée à l'échec, à l'exemple des tentatives antérieures. Mais, c'était sans prendre en compte la farouche détermination de nos leaders politiques.

Aujourd'hui, les faits parlent d'eux-mêmes. L'Accord créant la Zone de Libre-Échange Continentale Africaine a été négocié et signé le 21 mars 2018 à Kigali. Il est entré juridiquement en vigueur le 30 mai 2019, après avoir recueilli le nombre de ratifications requis. C'est une performance à saluer et à inscrire dans le livre Guinness des records... Dans tous les cas, les échanges commerciaux sous régime ZLECAf ont démarré le 1er janvier 2021.

Bien évidemment, comme tout projet de cette envergure, la mise en route de la Zone de Libre-Échange Continentale Africaine charrie forcément des contrariétés. Le titre du livre, tel que choisi par son auteur, en l'occurrence, « Sur le chemin de l'intégration. Comprendre la Zone de Libre-Échange Continentale Africaine, », s'en explique.

Bien qu'à l'intérieur, comme à l'extérieur du continent, l'optimisme soit de mise, il n'en demeure pas moins en effet que le sentiment d'afro-pessimisme, pour ne pas parler d'afro-bashing, n'a pas totalement disparu.

En tout état de cause, l'histoire est en marche. Les Pères fondateurs de l'Organisation de l'Unité Africaine (OUA) peuvent reposer en paix. Après des décennies d'atermoiements, de louvoiements et de construction patiente d'un consensus ô combien difficile, l'Afrique tient enfin son marché unifié.

Plus que tout autre, l'auteur du livre sait de quoi il en retourne. Monsieur Emmanuel MBARGA a en effet travaillé à mes côtés au ministère du Commerce du Cameroun pendant treize années ininterrompues, durant lesquelles il était en charge de la coopération commerciale entre le Cameroun et les pays étrangers. Point focal des principales institutions commerciales régionales et internationales, il a été, sous mon autorité, l'un des négociateurs des Accords de Partenariat Économique (APE) entre le Cameroun et l'Union Européenne. Il a également participé à la négociation de l'Accord de Bali sur la facilitation des échanges, au titre de l'Organisation Mondiale du Commerce. Fort de cette expérience, c'est tout naturellement qu'il a été désigné négociateur en chef du Cameroun pour la mise en place de la Zone de Libre-Échange Continentale Africaine. En qualité d'expert, il a pris une part active à toutes les sessions de négociations et à la plupart des autres réunions.

Son livre a le mérite de plonger le lecteur au cœur des négociations, tout en lui donnant la possibilité de mieux cerner l'intérêt, les contours, le contenu ainsi que les modalités de mise en place de cet instrument qui permettra de booster les échanges commerciaux intra-africains et de hisser l'Afrique au rang des grandes puissances économiques planétaires du futur.

Le lecteur aura le loisir d'apprécier la quantité et la qualité des informations qui y sont contenues, en même temps que la pertinence des analyses. Il pourra, dans le chapitre I, revivre, comme s'il y était, les différents évènements qui ont ponctué la journée du 21 mars 2018 à Kigali, du huis clos des Chefs d'État à la cérémonie de signature de l'Accord, en passant par la séance plénière des déclarations des Chefs d'État et de délégation, sans oublier les préparatifs de cette journée.

Pour ceux qui s'intéressent à l'histoire de l'intégration économique et politique en Afrique, ils trouveront leur compte en parcourant les chapitres II et III. L'essentiel du discours historique du Président Kwame Nkrumah, prononcé le 24 mai 1963 à l'occasion de la réunion d'Addis-Abeba ayant conduit à la création de l'OUA, y est repris, analysé et présenté comme un document de référence.

Le récit qu'en fait Monsieur Emmanuel MBARGA nous amène à garder en mémoire, en guise de piqûre de rappel, que le continent s'était divisé en deux principaux camps, qui s'affrontaient alors avec, d'un côté, les « modérés », ou le Groupe de Monrovia et de l'autre, les « révolutionnaires », ou le Groupe de Casablanca. Les premiers étaient pour une intégration progressive, tandis que le deuxième groupe voulait une unité immédiate, à travers la création d'une Union des États africains indépendants, ou ce qu'ils appelaient les États-Unis d'Afrique.

À ce stade, l'auteur invite, de façon judicieuse, à apprécier l'évolution du processus de l'intégration, qu'il découpe en quatre phases, à savoir : la période 1960-1980 (l'OUA pose les bases de l'intégration), la période 1981-1990 (la décennie perdue en matière d'intégration), la période 1991-2015 (la mise en œuvre du Traité d'Abuja et la création de l'Union Africaine) et l'après 2015 (la mise en œuvre de l'Agenda 2063).

Au chapitre IV, l'auteur présente un cliché des huit principales Communautés Économiques Régionales (CER) en Afrique, qui se positionnent comme des piliers de l'intégration, en distinguant soigneusement entre l'intégration commerciale, les infrastructures régionales, l'intégration productive, la libre circulation des personnes et l'intégration économique et financière.

Les informations fournies emmènent au constat que la multi-appartenance aux différents regroupements régionaux et les disparités des niveaux d'intégration sont des risques à prendre en compte dans le processus de mise en œuvre de la Zone de Libre-Échange Continentale Africaine.

Le contexte des négociations de l'Accord, les principales avancées enregistrées ainsi que les péripéties de la négociation sont l'objet de l'avant-dernier chapitre. Monsieur Emmanuel MBARGA nous donne ici l'occasion de parcourir le calendrier des négociations et d'en apprécier les résultats tels qu'ils ont été engrangés tout au long du processus, du lancement officiel des pourparlers, au mois de juin 2015, en Afrique du Sud, au démarrage des échanges commerciaux, le 1er janvier 2021. Il insiste en même temps sur certaines difficultés qui ont empêché les négociateurs d'atteindre, dans les délais convenus, les objectifs escomptés. Globalement, ces difficultés portent sur l'insuffisance des capacités des négociateurs, le cumul des fonctions au sein des différentes instances de négociation et la réticence de certains experts à faire montre de plus d'audace et d'ouverture d'esprit pour des résultats à la hauteur des ambitions voulues par les Chefs d'État.

Sans trahir le secret des délibérations, le lecteur a droit à des détails croustillants, qui éclairent sur l'ambiance dans les salles des négociations et rendent le livre intéressant et agréable à lire.

Au dernier chapitre, à travers vingt questions, l'auteur s'emploie à nous faire mieux comprendre la Zone de Libre-Échange Continentale Africaine. Les questions recensées sont celles que nous nous posons tous. Ce chapitre, à lui tout seul, aurait mérité tout un livre. Les réponses ici ont été simplifiées pour permettre une appropriation par le plus grand nombre. C'est un autre des mérites, et non des moindres, de Monsieur Emmanuel MBARGA, qu'il convient de saluer à la fin.

Luc Magloire MBARGA ATANGANA

INTRODUCTION

Après plusieurs initiatives lancées ici et là pour renforcer l'intégration économique en Afrique, l'UA a organisé, le 21 mars 2018, à Kigali, au Rwanda, le pays aux mille collines, la 10e Conférence extraordinaire des Chefs d'État et de gouvernement. Celle-ci a abouti à la signature de l'Accord portant création de la ZLECAf. L'Accord a été aussitôt ouvert à la signature ce jour, et quarante-quatre pays africains l'ont signé séance tenante. À l'Accord-cadre étaient joints trois Protocoles se rapportant respectivement au commerce des marchandises, au commerce des services ainsi qu'aux procédures relatives au règlement des différends. Ces trois documents spécifiques font partie intégrante de l'Accord principal.

Ce très bon score de quarante-quatre pays signataires obtenu en un seul jour a été un élément supplémentaire qui est venu raviver les espoirs des participants à cette conférence historique, mais aussi ceux des autres Africains, bien que l'Afrique du Sud et le Nigéria, les deux premières puissances économiques du continent, n'aient pas signé l'Accord ce jour-là. L'Afrique du Sud le fera à Nouakchott, en Mauritanie, lors du Sommet de l'UA tenu du 1er au 2 juillet 2018, en compagnie de quatre autres pays (Namibie, Burundi, Sierra Leone et Lesotho), portant ainsi le nombre de signatures à quarante-neuf, sur un total de cinquante-cinq pays membres qui forment l'UA.

À la fin du mois de décembre 2018, seuls six pays du continent : le Bénin, le Botswana, l'Érythrée, la Guinée-Bissau, le Nigéria et la Zambie manquaient à l'appel. Le Botswana, l'Érythrée et la Zambie rejoindront les autres pays par la suite et, le 7 juillet 2019, à Niamey, avec la signature du Nigéria et du Bénin, il ne restait plus que l'Érythrée. On aura rarement vu pareil engouement en Afrique.

Force est cependant de constater que, pendant que certains saluaient cet enthousiasme inédit des pays africains sur les questions d'intégration économique, les afro-pessimistes, eux, émettaient des doutes et autres réserves. Leur argumentation se résume en ces propos : « après tant d'initiatives, récentes et lointaines, les unes aussi pertinentes que les autres, prises en faveur de l'intégration économique en Afrique depuis les indépendances, pourquoi penser aujourd'hui que cette fois serait la bonne ? » Ces propos tenus par un ministre africain lors d'une discussion informelle avec quelques collègues, avant le début de la cérémonie de signature de l'Accord, démontrent à suffisance que certains acteurs principaux de l'intégration n'y croient pas eux-mêmes. Ceux-là sont-ils nombreux ? Là est toute la question. Je me suis alors opportunément demandé ce que ce ministre faisait à cet endroit à ce moment précis.

Il faut dire que les négociations de l'Accord de Kigali du 21 mars 2018 ont été lancées officiellement à Johannesburg les 14 et 15 juin 2015, lors de la 25e Conférence des Chefs d'État et de gouvernement africains. L'on doit à la vérité de dire que la première grande partie de celles-ci est allée très vite, de février 2016[1] à mars 2018, date de signature de l'Accord. C'était le résultat de 10 rounds de négociations acharnées entre les négociateurs des cinquante-cinq pays, réunis au sein du Forum des négociations, l'une des instances de négociations mises en place par les Chefs d'État.

Quant à l'entrée en vigueur de l'Accord, elle est intervenue le 30 mai 2019, après le dépôt du 22e instrument de ratification le 29 avril 2019, en application à l'article 23[2]. En étant plus précis, il aura fallu, jour pour jour, un an, un mois et neuf jours pour l'entrée en vigueur de l'Accord de Kigali[3]. À titre de comparaison, le Traité d'Abuja a dû attendre près de trois ans pour être ratifié (3 juin 1991-12 mai 1994). C'est un record historique en termes de quantum des pays signataires et de délais entre le démarrage des négociations, la signature de l'acte et son entrée en vigueur.

Pour ce qui est de la phase opérationnelle, son lancement est intervenu le 7 juillet 2019 à Niamey lors du 12e Sommet extraordinaire des Chefs d'État africains.

---

[1] La première réunion du Forum des négociations s'est tenue au siège de l'UA à Addis-Abeba du 24 au 27 février 2018.

[2] L'article 23 énonce que l'Accord entre en vigueur trente jours après le dépôt du 22e instrument de ratification. Le Kenya a été le premier pays à déposer son instrument auprès du président de la CUA le 10 mai 2018, alors que le 29 avril 2019, les 21e et 22e instruments ont été déposés par la Sierra Leone et la République Arabe Sahraouie Démocratique.

[3] Seul l'Acte constitutif de l'UA a connu plus d'engouement dans l'histoire de la ratification des textes. Adopté à Lomé le 11 juillet 2000, il est entré en vigueur le 26 mai 2001.

Plus tard, le 10 février 2020, en marge du 33e Sommet tenu à Addis-Abeba, les États membres de l'Union ont élu le Sud-africain Wamkele Keabetswe Mene, ancien négociateur en chef de son pays, au poste de Secrétaire de la ZLECAf, aux termes d'un long processus qui aura connu un engouement particulier marqué par la soumission de 120 dossiers de candidatures. C'était le début de la mise en place des instances officielles de cette institution qui va coordonner la mise en œuvre de cet Accord à partir du Ghana, pays de siège désigné par les Chefs d'État africains lors de leur Sommet du 7 juillet 2019 à Niamey, au Niger. Ce fut une belle revanche pour Kwame Nkrumah, un des porte-flambeaux les plus téméraires de la construction de l'intégration africaine dans les années 1960. Les clés de l'imposant bâtiment devant abriter le Secrétariat de la ZLECAf ont été remises officiellement le 17 août 2020 à Accra par le Président du Ghana, Nana Akufo-Addo.

Signalons qu'à travers l'accroissement des échanges commerciaux intra-africains des biens et des services et selon des informations collectées auprès de la Commission Économique des Nations Unies pour l'Afrique (CEA), la ZLECAf est censée réduire, à moyen terme, les importations africaines de l'ordre de 10 milliards de dollars, tout en stimulant les exportations agricoles et industrielles respectivement de 7 % et 5 %. Globalement, elle pourrait faire augmenter le volume des échanges commerciaux entre pays africains, selon des sources, de 15% à 100 %[4], lequel est aujourd'hui évalué à environ 35 milliards de dollars/an par la Conférence des Nations Unies pour le Commerce et le Développement (CNUCED).

La création de la ZLECAf apparaît ainsi comme une étape majeure dans la longue marche vers l'intégration économique en Afrique. Elle vise une élimination progressive des barrières tarifaires et non tarifaires entre les cinquante-cinq États du continent, créant ainsi, d'après les chiffres de l'UA, un vaste marché qui représente un Produit Intérieur Brut (PIB) de 2 500 milliards de dollars avec une taille d'environ 1,3 milliard de consommateurs en 2020, devant atteindre 1,7 milliard en 2030 et de 2,5 milliards en 2050 (soit 26 % de la population mondiale en âge de travailler). Ce marché est juste comparable à ceux de la Chine

[4] La CEA estime par exemple que la ZLECAf pourrait accroître le commerce intra-africain de 52,5 % en éliminant les droits de douane à l'importation, et le doubler si les obstacles non tarifaires sont également réduits (voir *la Zone de Libre-Échange Continentale Africaine : questions et réponses,* Centre Africain des Politiques Commerciales, CEA, 2018, P.1).

ou de l'Inde. La ZLECAf se positionne donc comme le plus important accord de libre-échange au monde, en se référant au nombre d'États parties.

Le chemin à parcourir restera cependant jonché de nombreux écueils. Par exemple, l'une des conséquences de la pandémie du Coronavirus[5] est que, la date du 1er juillet 2020, initialement retenue par le 12e Sommet extraordinaire de l'UA du 7 juillet 2019 pour le démarrage des échanges commerciaux, a dû être repoussée au 1er janvier 2021. Et, bon nombre de pays n'ont pas été à la ligne de départ ce dernier jour, faute de n'avoir pas signé l'Accord (il s'agit de l'Érythrée), ou de ne l'avoir pas ratifié (à la fin de 2020, 21 pays ne l'avaient pas encore fait), ou encore de n'avoir pas déposé leurs offres d'accès au marché pour le commerce des marchandises[6].

Ces derniers chiffres démontrent que les choses ne se déroulent pas toujours comme on l'aurait souhaité. Contrairement à ce qui était prévu, la libéralisation des échanges a commencé le 1er janvier 2021 uniquement pour le commerce des marchandises et seulement sur la base des règles d'origine convenues (le travail sur cette question était bouclé à hauteur de 81 % à cette date). Pour le reste (un pourcentage de 19 %), le commerce continuera de se faire sur la base du droit commun. Un supplément de temps a été accordé aux négociateurs pour finaliser les travaux en suspens.

Il en est de même du commerce des services pour lequel le début de la libéralisation devra suivre plus tard, les négociations pour ce domaine de l'Accord, qui fait aussi partie de la première phase n'étant pas suffisamment mûres à la date du 1er janvier 2021. Là aussi, du temps supplémentaire a été accordé aux négociateurs afin qu'ils accordent leurs violons, alors que les négociations de la deuxième phase (les investissements, la politique de concurrence, la propriété intellectuelle et le commerce électronique) sont censées être bouclées, elles aussi, dans les meilleurs délais.

---

[5] Les instances de négociation de l'Accord ont temporairement arrêté les réunions physiques d'avril 2019 à juillet 2020. Celles-ci se déroulaient uniquement sur des plateformes électroniques.

[6] Au 30 décembre 2020, trente-quatre pays avaient déposé leurs instruments de ratification, dix-huit avaient notifié à la CUA leurs offres d'accès au marché pour le commerce des marchandises et douze pour le commerce des services.

Le temps de l'intégration de l'Afrique et de son arrimage au système commercial international est-il enfin arrivé ? La question posée suppose que le lecteur trouvera une réponse appropriée dans les développements qui suivent. En lisant le livre de bout en bout, ce que nous conseillons vivement, on y trouvera des éléments d'argumentation, fussent-ils épars dans les six chapitres. Mais il faut dire qu'à travers la question posée, transparaissent à la fois l'espoir et le doute. Le doute d'abord, qui découle des maigres résultats obtenus jusqu'ici sur le chemin de l'intégration économique au sein du continent malgré la multitude des initiatives prises, mais aussi du fait que tous les résultats projetés de la négociation n'ont pas été atteints au moment du lancement des échanges commerciaux, le 1er janvier 2021. D'un autre côté, il y a tout lieu d'espérer des lendemains qui chantent en constatant l'adhésion inédite des pays africains à ce processus, qui découle sans aucun doute de la volonté politique des États et d'une prise de conscience des différents acteurs concernés. Soixante ans après les indépendances, l'Afrique tient enfin son marché unifié, qui est intervenu dans un temps assez court, décompté à partir de la date du lancement effectif des négociations (en février 2016).

Assistons-nous là à la renaissance de l'Afrique ? L'avenir nous le dira.

En définitive, le livre se veut un document important et utile pour tout le monde : les fonctionnaires des administrations, les opérateurs économiques, les universitaires et autres chercheurs, les journalistes, les étudiants et tous ceux qui veulent en savoir plus et mieux sur cet instrument d'intégration économique africaine qu'est la ZLECAf.

CHAPITRE 1

KIGALI, LE 21 MARS 2018 : UN JOUR PAS COMME LES AUTRES

Nous sommes le 21 mars 2018. Le jour s'est levé à Kigali qui s'est paré de ses plus beaux atours et s'apprête à vivre l'un des plus importants évènements de son histoire. Le soleil est haut dans un ciel bleu et envoie ses rayons irradier la ville. Les cérémonies de ce jour se déroulent au mythique et célèbre Centre des Conférences de Kigali (KCC), attenant au moderne et luxueux hôtel Radisson Blu, où ont pris leurs quartiers la plupart des Chefs d'État et de délégation venus prendre part à cet évènement historique.

Dans les couloirs du centre des conférences, le décor est planté. Il est celui des grands jours. L'humeur est bonne et les mines joyeuses. Malgré les contraintes du dispositif sécuritaire, les participants vont et viennent, affichant des sourires qui confirment la sérénité qui les habite. Les poignées de mains et accolades chaleureuses viennent parachever l'éclat d'une atmosphère porteuse d'espoirs. C'est que le programme de ce 10e Sommet extraordinaire des Chefs d'État et de gouvernement africains, principalement consacré à la signature de l'Accord portant création de la ZLECAf, a été soigneusement pensé.

La décision de tenir cette réunion à Kigali, à la date du 21 mars 2018, a été prise lors du 30e Sommet ordinaire des Chefs d'État du mois de janvier 2018 à Addis-Abeba, après présentation et adoption du deuxième rapport d'étape du Champion de la ZLECAf[7]. Cette réunion d'Addis-Abeba avait aussi consacré le Président de la République du Rwanda, Paul Kagamé, comme nouveau président en exercice de l'UA. Le Sommet ordinaire qui devait suivre était pourtant prévu pour le début du mois de juillet 2018 à Nouakchott, en Mauritanie. Mais, l'Afrique voulait aller vite. Elle ne voulait pas attendre. Elle voulait son Accord

---

[7] Le 30 janvier 2017 à Addis-Abeba, lors du 28e Sommet des Chefs d'État africains, le président de la République du Niger, Mahamadou Issoufou, a été désigné Champion de la ZLECAf, c'est-à-dire chargé par ses Pairs de coordonner et de faire le suivi des négociations de l'Accord.

et voulait surtout montrer au monde entier que les choses bougent enfin sur le continent. Elle voulait donner en outre à cet évènement historique un éclat tout à fait particulier. C'est pour cette raison qu'une décision a été prise pour l'organisation d'un sommet extraordinaire, spécialement dédié à la signature de cet important instrument, dans le pays du nouveau président en exercice de l'Union.

Un mois bien avant la date du 21 mars 2018, des rencontres se sont succédé à Kigali, la belle. Il s'agit, pour l'essentiel, des réunions suivantes :

- La 10e réunion du Forum des négociations, du 26 février au 3 mars 2018 ;
- La 5e réunion des hauts fonctionnaires en charge du Commerce, les 6 et 7 mars 2018 ;
- La 5e réunion des ministres du Commerce de l'UA, les 8 et 9 mars 2018 ;
- Le Comité technique spécialisé des experts juridiques, du 11 au 13 mars 2018 ;
- Le Comité technique spécialisé des ministres de la Justice de l'UA, les 14 et 15 mars 2018 ;
- Le Comité des représentants permanents (Ambassadeurs) à Addis-Abeba, le 17 mars 2018 ;
- Le Conseil exécutif de l'UA (ministres chargés des Affaires étrangères), les 18 et 19 mars 2018.

S'agissant du Forum des négociations, cette instance a procédé à la revue juridique des différents instruments qui ont été présentés aux Chefs d'État le Jour J. Ces différents textes ont été transmis à la 5e réunion des hauts fonctionnaires en charge du Commerce qui a, elle-même, précédé la 5e réunion des ministres africains en charge du Commerce.

À l'issue de leur rencontre, globalement, les ministres du Commerce ont adopté les quatre textes qui leur ont été présentés, exception faite de quelques points.

Parmi les points en suspens, figurait précisément le statut du Secrétariat de la ZLECAf, pour lequel trois possibilités ont été explorées avec des implications juridiques diverses.

Premièrement, le statut d'agence spécialisée de l'UA, qui ouvre la voie à une indépendance fonctionnelle et structurelle avec une personnalité juridique propre et distincte. Ce statut implique un mode de financement propre devant être supporté par les États parties.

Deuxièmement, le statut d'organe de l'Union, qui entraine une autonomie fonctionnelle dans le cadre de l'exercice des missions assignées ainsi qu'une personnalité juridique limitée quant à ses rapports avec l'État d'accueil de son siège, son financement étant assuré par tous les États membres dans le cadre du budget de l'Union. Ce statut d'organe de l'Union suppose que la définition des options stratégiques et le processus décisionnel notamment en ce qui concerne la reddition des comptes obéissent aux règles de celle-ci.

Enfin, le statut de simple bureau impliquant que le Secrétariat doit relever administrativement de la CUA. Dans ces conditions, il ne possède ni de personnalité juridique ni d'autonomie fonctionnelle.

Les ministres du Commerce ont également examiné la question de l'entrée en vigueur de l'Accord, avec trois propositions sur la table : (1) entrée en vigueur après ratification par 15 États membres, chiffre annoncé par le Champion dans son rapport d'étape de janvier 2018 ; (2) entrée en vigueur après ratification par une majorité de deux tiers ; (3) entrée en vigueur après ratification par la moitié des États membres, plus un. Le président de séance a proposé un compromis sur une majorité de vingt-deux États, soit une moyenne simple des trois options proposées. Ce compromis suggéré n'a pas fait l'unanimité, dix-sept États membres ayant émis des réserves.

Sur l'interdiction de la possibilité des réserves dans l'Accord, question âprement discutée aussi, certains participants faisant valoir que cette option, non seulement restreignait la souveraineté des États parties, mais n'offrait pas une flexibilité nécessaire pour permettre une participation massive de ceux-ci au processus, compte tenu des contraintes constitutionnelles internes dans les différents pays.

Mais pour d'autres, l'interdiction des réserves n'était pas en soi illégale, au regard de la Convention de Vienne de 1969 sur le droit des traités, mais aussi en prenant en compte les disciplines de l'OMC, desquelles s'inspirent largement les textes de l'Accord.

Les ministres du Commerce ont choisi cette dernière option. Ils ont convenu qu'il y aura une disposition en vertu de laquelle il n'y aura aucune possibilité de réserve par rapport à l'Accord et ses protocoles, afin d'éviter d'en faire un « Accord à la carte » comme à l'époque du GATT[8] où les pays membres choisissaient les parties des accords qu'ils voulaient bien appliquer. C'est la décision politique du tout ou rien qui aura donc prévalu.

L'autre question en débat a été le projet de déclaration soumis par un pays membre, qui sollicitait des consultations nationales avant la signature de l'Accord. Ce texte devait être présenté, pour signature, à tous les Chefs d'État, à côté du projet d'Accord. Les ministres du Commerce ont considéré que, s'agissant d'un document politique et non technique, ils n'étaient pas compétents pour l'examiner en profondeur. Ils ont en conséquence décidé de le soumettre aux organes délibérants de l'UA pour une suite appropriée.

Ces questions ont continué d'être discutées par la suite au niveau des rencontres du Comité Technique Spécialisé sur la Justice et les Affaires Juridiques (CTS), segment des experts et des ministres. Il en a été de même lors des assises du Comité des Représentants Permanents (COREP) des pays membres de l'UA à Addis-Abeba et du Conseil Exécutif, qui regroupe les ministres des Affaires étrangères des différents États membres.

C'est ainsi que le Comité exécutif va suggérer de poursuivre la réflexion sur la structuration du Secrétariat de la ZLECAf et son financement, en prenant en compte le contexte marqué par la réforme et la rationalisation des organes et institutions de la CUA. En attendant, il a proposé que les activités de suivi et de coordination de la mise en œuvre de l'Accord soient assurées par la Commission de l'UA.

Sur la question de l'entrée en vigueur de l'Accord, le Conseil exécutif a marqué son accord pour le compromis suggérant une entrée en vigueur après ratification par 22 États membres.

Concernant le problème des réserves, il estimera qu'il ne peut y avoir de réserves dans l'Accord et ses protocoles, afin d'éviter de le vider de sa substance, bien qu'un pays membre ait continué à s'y opposer.

Enfin, relativement au projet de déclaration à faire signer par les Chefs d'État, le Conseil exécutif lui a réservé un accueil favorable en

[8] L'Accord Général sur le Commerce et les Tarifs Douaniers (GATT) qui a régi les échanges commerciaux dans le monde de 1947 à l'avènement de l'Organisation Mondiale du Commerce, créée le 1er janvier 1995.

expliquant qu'il s'agit d'un engagement fort à prendre par tous les États membres dans le processus de mise en place de la ZLECAf, y compris par ceux des États qui estimaient nécessaire d'engager des consultations nationales avant la signature.

Cette série de réunions préliminaires s'est achevée avec l'organisation d'un forum d'affaires sur la ZLECAf, auquel ont pris part quelques Chefs d'État déjà présents à Kigali. Ce fut un moment d'échanges francs au cours duquel les décideurs politiques africains ont pris l'engagement de travailler avec les femmes et les hommes d'affaires du continent afin de continuer la transformation de celui-ci, au travers de la mise en œuvre de la ZLECAf, dans le cadre d'un partenariat gagnant-gagnant, parce que durable et bénéfique à tous.

Au total, cinquante pays africains ont pris part au Sommet de Kigali. Parmi les participants, on a pu compter dans la salle dix présidents, deux Vice-présidents, six Premiers ministres, de nombreux ministres et hauts fonctionnaires, ainsi que des représentants de haut niveau des organisations régionales et internationales, du secteur privé et de la société civile africaine.

En début de journée, les Chefs d'État et de délégation ont tenu leur première réunion officielle sous la forme d'un huis clos, qui a permis de prendre les ultimes décisions sur les quelques éléments de l'Accord restés en suspens et ci-avant présentés.

Ils ont ainsi décidé que la Conférence créera le Secrétariat de la ZLECAf, décidera de sa nature, de sa localisation et approuvera sa structure ainsi que son budget. La CUA assurera les fonctions de Secrétariat provisoire, jusqu'à ce que ce dernier devienne pleinement opérationnel, en tant qu'organe institutionnel du système de l'UA. Le Secrétariat aura en outre une autonomie fonctionnelle et sera doté d'une personnalité juridique indépendante, tout en étant autonome vis-à-vis de la CUA. Ses fonds proviendront du budget annuel global de l'UA et ses pouvoirs seront définis par le Conseil des ministres africains en charge du Commerce (Article 13 de l'Accord).

Les Chefs d'État entérineront par la même occasion les propositions du Conseil Exécutif sur les autres questions restées en suspens.

Ces préalables étant exécutés, la première séance plénière de la journée viendra confirmer le démarrage du processus et concrétiser l'engagement des parties. Cette séance significative a débuté par un acte symboliquement fort, l'exécution de « l'Africaine », l'hymne de l'UA, chanté avec maestria par la chorale « Nyundo school choir » de Kigali et dont les paroles ci-après, reprises en chœur, ont à nouveau rappelé la solennité de l'événement :

« Unissons-nous tous et célébrons ensemble,
Les victoires remportées pour notre libération.
Engageons-nous et levons-nous comme un seul Homme,
Pour défendre notre liberté et notre unité.

Ô Fils et Filles de l'Afrique,
Chair du Soleil et Chair du Ciel,
Faisons de l'Afrique l'Arbre de Vie.

Unissons-nous tous et chantons en chœur,
Pour maintenir les liens qui déterminent notre destin.
Consacrons-nous tous au combat,
Pour la paix durable et la justice sur terre.

Ô Fils et Filles de l'Afrique,
Chair du Soleil et Chair du Ciel,
Faisons de l'Afrique l'Arbre de Vie.

Unissons-nous tous et travaillons dur,
Afin de donner le meilleur de nous à l'Afrique,
Berceau de l'humanité et source de la culture,
Notre fierté et notre espérance au point du jour.

Ô Fils et Filles de l'Afrique,
Chair du Soleil et Chair du Ciel,
Faisons de l'Afrique l'Arbre de Vie. »

L'avant-dernier couplet de cet hymne résume fort à propos le sentiment de ceux qui étaient présents dans cette salle du KCC de Kigali. Il rappelle aux filles et fils du continent noir de s'unir et de travailler dur, afin de donner le meilleur d'eux-mêmes pour la construction de ce dernier, leur fierté et leur espérance étant au point en ce grand jour du 21 mars 2018.

La cérémonie protocolaire d'ouverture connaîtra par la suite les allocutions de quelques grandes personnalités africaines : la Secrétaire exécutive de la CEA, le président de la Banque Africaine de

Développement (BAD), le président de la CUA, le Président de la République du Niger, en sa qualité de Champion de la ZLECAf et le Président du Rwanda, hôte de l'évènement.

En particulier, le Président du Niger présentera son troisième rapport d'étape à ses homologues et leur demandera en substance :

- d'examiner les instruments juridiques soumis à leur attention en vue de leur adoption ;
- de procéder à la signature des instruments juridiques, après adoption, pour ceux des pays qui se sentaient prêts ;
- d'examiner le projet de déclaration soumis en vue de son adoption et sa signature ;
- d'examiner et adopter les projets de décisions, à eux, soumis par le Conseil exécutif ;
- de procéder au lancement de la ZLECAf ;
- d'exprimer leurs remerciements aux femmes et hommes d'affaires africains pour leur présence à ce sommet historique et de convenir avec eux d'un partenariat solide et inclusif ;
- de prendre individuellement et collectivement l'engagement, en tant qu'États membres, d'accélérer la ratification de l'Accord et ses protocoles ;
- de donner mandat à la CUA de prendre les dispositions nécessaires, à titre transitoire, pour la mise en place du Secrétariat de la ZLECAf, y compris les dispositions relatives à l'hébergement de cet organe ;
- de prendre l'engagement de procéder à une large campagne de sensibilisation de façon à ce que les citoyens ordinaires et les hommes d'affaires africains s'approprient la ZLECAf ;
- de prendre l'engagement de commencer la 2e phase des négociations afin d'élaborer les protocoles relatifs aux investissements, à la concurrence et à la propriété intellectuelle ;
- d'élaborer et mettre en œuvre la feuille de route y relative, avec la même passion et l'ardeur qu'ils ont démontrées durant la première phase de négociations.

Les choses s'étant déroulées comme prévu, est enfin arrivé le moment le plus attendu de la journée : le défilé des Chefs d'État et de délégation, souriants et confiants en l'avenir, sur la table réservée à la signature de l'Accord de Kigali du 21 mars 2018 portant création de la ZLECAf). Chaque signature sera suivie d'une salve d'applaudissements. Les participants applaudissaient la signature de l'Accord, mais aussi saluaient une victoire sur l'histoire du continent et sur l'histoire tout court. Après des décennies d'esclavage et de colonisation, l'Afrique était prête à s'insérer au sein du système commercial international.

Le cœur du continent battait à Kigali et les vibrations de cette majestueuse salle de conférences qui abritait la cérémonie se faisaient entendre au loin dans toutes les capitales africaines. Du Cap à Alger, de Yaoundé à Abidjan, de Dar es Salam à Kinshasa, d'Abuja à Addis-Abeba, de Rabat à Dakar, au moins, dorénavant, les marchandises et les services pourront circuler librement, ce qui ouvre la porte au partage d'autres libertés sur le continent.

Au moment du décompte, on se rendra compte que quarante-quatre pays[9] ont signé l'Accord et quarante-sept la déclaration qui l'accompagnait.

Outre ces documents, le Protocole au Traité instituant la Communauté Économique Africaine relatif à la libre circulation des personnes, au droit de résidence et au droit d'établissement a aussi été ouvert à la signature et paraphé effectivement, séance tenante, par vingt-sept pays. Il est clair que son application accompagnera l'opérationnalisation de la ZLECAf. Il prévoit, pour les ressortissants des États parties, des modalités de suppression des visas et le droit d'établissement pour les hommes et femmes d'affaires.

Dans la salle, l'on remarquera tout de suite que les noms des deux plus grandes économies de l'Afrique : l'Afrique du Sud et le Nigéria, ne figurent pas parmi les pays signataires.

L'Afrique du Sud était représentée au Sommet de Kigali par son président fraichement élu, Cyril Rama Fosa, qui a signé uniquement la déclaration, pour des raisons liées aux contraintes constitutionnelles internes à son pays relatives à la gestion des accords internationaux.

---

[9] Les pays ayant signé l'Accord de Kigali le 21 mars 2018 sont : Algérie, Angola, Benin, Burkina Faso, Cameroun, Cap-Vert, Comores, Congo, Côte d'Ivoire, Djibouti, Égypte, Éthiopie, Gabon, Gambie, Ghana, Guinée, Guinée Équatoriale, Kenya, Liberia, Libye, Madagascar, Mali, Malawi, Maroc, Mauritanie, Maurice, Mozambique, Niger, Ouganda, RCA, République Arabe Sahraouie Démocratique, RDC, Rwanda, Sao Tomé et Principe, Sénégal, Seychelles, Somalie, Soudan, Sud Soudan, Swaziland, Tchad, Togo, Tunisie et Zimbabwe.

Par contre, le Nigéria, deuxième puissance économique du continent, dont les plénipotentiaires assuraient la présidence des instances de négociations pendant cette période, n'était pas représenté à ces assises.

Après le déjeuner, interviendra la phase des allocutions des Chefs d'État. À écouter les uns et les autres, l'on peut dire qu'à Kigali, le 21 mars 2018, l'on a célébré une orientation irréversible vers une participation plus accrue de l'Afrique au commerce mondial, dont le pourcentage tourne depuis de nombreuses années autour de 3 %, après avoir pourtant atteint un taux de 6 % au début des années 60.

Nous laisserons le mot de la fin de cette séquence au Champion de la ZLECAf, l'un des artisans les plus en vue de cette journée, qui précisera dans son allocution que :

« L'Afrique est aujourd'hui à un tournant décisif de son histoire (...) C'est dire que nous vivons un moment historique. Le nom de Kigali sera désormais associé à un instrument juridique très important : l'Accord portant création de la Zone de Libre-Échange Continentale Africaine. Un accord par lequel nos États ont décidé de mettre fin à leur balkanisation et de créer un marché unifié allant d'Alger au Cap, de Praia à Djibouti. Un accord grâce auquel nous entamons la réalisation de ce vieux rêve d'unité tant caressé par nos Pères fondateurs (...) L'Afrique regorge de matières premières de toutes natures et d'un potentiel agricole énorme. L'élimination des barrières va créer des opportunités d'investissement à la fois pour nos opérateurs économiques africains et pour les partenaires étrangers qui souhaitent s'associer avec eux. Pour les entreprises, ce sera l'occasion d'investir dans les industries, d'exploiter les chaînes de valeur transétatiques, de permettre à l'Afrique de transformer ses produits sur place et d'exporter vers le marché mondial à des prix compétitifs. L'expansion de la production et du commerce dans le cadre de la ZLECAf permettra d'augmenter, en retour, les possibilités d'emplois à tous les niveaux de qualification. Cela permettra aux pays africains de mieux exploiter leurs structures démographiques, en particulier en transformant leurs actifs démographiques en dividendes économiques. La libre circulation des personnes à l'intérieur du continent favorisera le développement et le transfert des compétences, ce qui limitera la migration des jeunes et la fuite des cerveaux vers les autres continents.

La Zone de Libre-Échange Continentale Africaine va aussi favoriser la création des économies d'échelle. En effet, nous sommes un marché de 1,3 milliard de personnes avec une classe moyenne grandissante. La classe moyenne africaine sera de 600 millions de personnes d'ici 2030. Ceci va booster la consommation et contribuer au renforcement de la croissance économique et à la diversification économique du continent.

De par sa grande taille, la Zone de Libre-Échange Continentale Africaine offrira la possibilité aux entreprises de produire à faible coût. De même, l'élimination des barrières tarifaires et non tarifaires permettra aux entreprises de réduire les coûts des transactions et de distribution, ce qui profitera aux consommateurs africains. L'efficacité qui en résultera favorisera l'émergence d'entreprises compétitives à l'échelle continentale et mondiale.

Nous sommes aussi un vaste continent de 30 millions de kilomètres carrés. En nous intégrant dans le cadre de la Zone de Libre-Échange Continentale Africaine, nous tournons résolument le dos à l'ère des petits pays, des économies et marchés fragmentés et isolés, qui ont caractérisé l'Afrique depuis la Conférence de Berlin de 1884-1885. C'est pour la dominer, pour régner sur elle que l'Afrique a été divisée. 84 000 km de frontières c'est trop. Abattre ces murs, se rassembler sous le même drapeau, chanter un seul hymne, c'est répondre aux aspirations des peuples africains à la prospérité. »

Le lecteur aura remarqué que ces morceaux choisis du discours de Mahamadou Issoufou ont quelques ressemblances avec le discours prononcé par le président du Ghana au mois de mai 1963 à Addis-Abeba (à voir au chapitre suivant). C'est que l'histoire semble prendre sa revanche ce 21 mars 2018 à Kigali, est-on tenté de dire.

Juste après la session des allocutions des Chefs d'État, le président de la République du Niger trouvera encore assez d'énergie et du temps pour tenir une séance de travail avec les négociateurs des différents pays. Il tiendra à leur rendre un vibrant hommage et à leur adresser les félicitations de tout le continent pour le travail accompli en si peu de temps. Il est vrai que c'est du jamais vu dans l'histoire des négociations commerciales internationales. La conclusion d'un accord de libre-échange avec cinquante-cinq pays a abouti après deux ans de négociations, chrono en mains. Le pari aura donc été gagné.

On peut dire que c'est la concrétisation, une soixantaine d'années après, d'un vieux rêve des Pères fondateurs de l'OUA. Il s'agira après, pour chaque pays africain, de se donner les moyens de son ambition, à travers le renforcement et l'approfondissement de l'intégration économique du continent, conformément à la Vision panafricaine d'une « Afrique intégrée, prospère et pacifique », telle_qu'énoncée dans l'Agenda 2063 de l'UA.

Ainsi s'achèvera cette belle et mémorable journée et, pour l'Afrique tout entière, l'aventure ne faisait que commencer.

CHAPITRE 2

LE DISCOURS QUI PRÔNAIT L'UNITÉ IMMÉDIATE DE L'AFRIQUE

Au début des années 1960, il a fallu une très forte détermination de plusieurs grands leaders africains pour que le panafricanisme prenne définitivement corps. Mais le moins que l'on puisse dire est que l'accouchement ne s'est pas fait de manière aisée.

Ces évènements sont tellement significatifs pour l'histoire du continent qu'il conviendrait de s'y replonger, en spectateurs privilégiés de ces moments mythiques.

Dans les diverses parties du continent, qui ne compte alors que trois cents millions d'âmes, les différents leaders sont persuadés que l'avenir de l'Afrique passe inévitablement par la mise en commun des idées et la synergie des efforts. Les initiatives se multiplient en se succédant les unes aux autres. Les stratégies et les processus imaginés et conçus ne sont cependant pas identiques.

Il convient de rappeler que la date du 25 mai 1963, qui rappelle la naissance de l'OUA à Addis-Abeba, a suscité beaucoup d'espoirs. Certains observateurs de cette époque-là croient que le bateau de l'intégration économique et politique du continent est lancé en mer et va amarrer très rapidement en ayant fait tout son parcours. Ceux-là ont très vite déchanté. Ils ont sûrement minimisé les nombreuses querelles idéologiques qui ont précédé la naissance de cette organisation panafricaine avec, d'un côté, les « modérés », qui sont partisans d'une intégration progressive du continent et, de l'autre, les « révolutionnaires », qui argumentent pour la mise en place d'une intégration immédiate sous forme d'une fédération.

Les « révolutionnaires » sont représentés au sein du « groupe de Casablanca », composé des pays comme le Ghana, le Maroc, l'Algérie, la Guinée, le Mali, la Libye, etc., alors que les « modérés » émargent au sein du « groupe de Monrovia », avec des pays comme le Libéria, le Nigeria et la plupart des pays francophones (Cameroun, Sénégal, Côte d'Ivoire, etc.). Kwame Nkrumah est l'un des chefs de file du camp des « révolutionnaires ».

L'histoire nous enseigne que l'Éthiopie a travaillé habilement pour concilier les différentes positions entre ces deux groupes informels et l'OUA a été créée.

La réunion d'Addis-Abeba commence le 22 mai 1963, en fin d'après-midi, et connaît la participation de trente-deux Chefs d'État et de gouvernement du continent[10], des plus illustres aux moins connus. Ils sont réunis dans l'hémicycle de l'Africa hall, siège de la CEA.

Un livre au titre évocateur, *Africa must unite* (*l'Afrique doit s'unir*), écrit par le président ghanéen, circule dans les couloirs du lieu abritant la réunion. L'illustre auteur y décrit sa vision de l'intégration économique et politique de l'Afrique. Héraut de l'unité du continent, il est convaincu que de cette union émergera une Afrique grande et puissante, dans laquelle les frontières territoriales, qui sont des reliques de la colonisation, deviendront tout de suite obsolètes et superflues, pour être au service d'une complète mobilisation de la planification économique. Cette union, Nkrumah la conçoit sous la forme des États-Unis d'Afrique avec un gouvernement continental.

À la tribune, un homme de 71 ans, Hailé Sélassié, empereur d'Éthiopie, prononce le discours d'ouverture de la conférence. Un passage retient l'attention des participants. Il est écrit en ces termes : « Cette conférence ne peut pas se terminer sans l'adoption d'une charte africaine unique. Nous ne pouvons pas nous séparer sans créer une organisation africaine possédant ses attributs. » Après trois jours et une dizaine d'heures d'allocutions, chaque orateur allant de sa verve, le 25 mai, la charte créant l'OUA sera adoptée. C'est un pari gagné pour l'empereur d'Éthiopie, qui, très patient et bon négociateur, a réussi à concilier les différents points de vue pour obtenir un consensus historique : l'unité, oui, mais pas de gouvernement continental.

---

[10] Les 32 pays ayant pris part à cette réunion sont : Algérie, Dahomey (actuel Bénin), Burundi, Cameroun, Congo-Brazzaville (Congo), Congo-Léopoldville (actuel RDC), Cote d'Ivoire, Égypte, Éthiopie, Gabon, Ghana, Guinée, Haute-Volta (actuel Burkina Faso), Liberia, Libye, Mali, Madagascar, Maroc, Mauritanie, Niger, Nigeria, Ouganda, RCA, Rwanda, Sénégal, Sierra Leone, Somalie, Soudan, Tanzanie, Tchad, Togo et Tunisie.

L'Accord d'Addis-Abeba créant l'OUA est donc le fruit d'un compromis et le résultat de longs conciliabules.

Au final, la charte de l'OUA comprend un préambule et trente-trois articles, qui présentent les objectifs poursuivis, les principes et les institutions de l'Organisation.

Les premières résolutions adoptées concernent la lutte contre l'apartheid et le soutien aux mouvements de libération dans les colonies portugaises.

À Addis-Abeba, Kwame Nkrumah, l'une des vedettes de cette grande messe, fait l'actualité. Il expose le 24 mai 1963, en fin d'après-midi, sa vision du processus de l'intégration de l'Afrique, sous forme d'une longue allocution, sûrement l'une des plus célèbres de sa carrière d'homme politique et de sa vie d'homme d'État, inspiré du livre *Africa must unite*. Les mots et les phrases lus résonnent encore dans les oreilles des survivants de ce jour mémorable pour le continent noir. Ce discours, de par sa densité, parce que prononcé par une forte personnalité, un homme charismatique, une icône, un orateur exceptionnel, est sans aucun doute entré dans les annales de l'histoire de la construction de l'intégration de l'Afrique. Il reste et demeure, des dizaines d'années après, un document historique de référence pour ceux qui s'intéressent à l'unité économique et politique du continent.

Nous n'avons pas résisté à la lancinante tentation d'en reproduire ci-après, une traduction non officielle de l'essentiel de ce document historique qui a été élaboré autour d'une idée : « l'Afrique doit s'unir, car, unis, nous résisterons » :

(...) Je suis heureux de me trouver à Addis-Abeba, en cette occasion hautement historique. J'apporte avec moi les espoirs et les félicitations fraternelles adressés par le gouvernement et le peuple du Ghana à Sa Majesté Impériale Hailé Sélassié et à tous les Chefs d'État africains rassemblés dans cette ancienne capitale, en ce jour qui fera époque dans notre histoire. Notre objectif, c'est, dès maintenant, l'unité africaine. Il n'y a pas de temps à perdre. Nous devons maintenant nous unir ou périr. Je suis certain que par des efforts concertés et notre ferme propos, nous allons jeter ici même les fondations sur lesquelles s'élèvera une union continentale des États africains.

Lors de la première réunion des Chefs d'État africains, où j'avais l'honneur de recevoir nos hôtes, il n'y avait que huit représentants d'États indépendants. Aujourd'hui, cinq années plus tard, nous voici réunis à Addis-Abeba, représentants des États africains dont le nombre s'élève à trente-deux, comme hôtes de Sa Majesté Impériale Hailé Sélassié Premier, du gouvernement et du peuple de l'Éthiopie. À Sa Majesté Impériale, je tiens à exprimer, au nom du gouvernement et du peuple du Ghana, la profonde reconnaissance que j'éprouve pour un accueil si hautement cordial et une si généreuse hospitalité.

L'accroissement de nos effectifs, dans ce bref espace de temps, est un témoignage flagrant de l'indomptable et irrésistible élan de nos peuples vers l'indépendance. C'est également un signe de l'aspect révolutionnaire que revêtent les évènements mondiaux au cours de la seconde moitié de notre siècle. Dans la tâche qui s'étend devant nous pour l'unification de notre continent, nous devons prendre ce rythme, sous peine de rester en arrière. Cette tâche ne saurait être abordée dans un rythme qui appartiendrait à une autre époque que la nôtre. Si nous restions en arrière, dans cet élan sans précédent qui entraine les actes et les évènements contemporains, cela signifierait que nous allons au-devant de l'échec et que nous consumons notre propre ruine.

Tout un continent nous a imposé le mandat de jeter les fondations de notre union à cette conférence. La responsabilité nous incombe d'exécuter ce mandat en créant, ici même et dès maintenant, les bases sur lesquelles doit s'élever la superstructure indispensable.

Sur notre continent, il ne nous a pas fallu longtemps pour découvrir que la lutte contre le colonialisme ne prend pas fin lorsqu'on a réalisé l'indépendance nationale. Cette indépendance n'est que le prélude d'un combat nouveau et plus complexe pour la conquête du droit de diriger nous-mêmes nos questions économiques et sociales, en dehors des entraves écrasantes et humiliantes de la domination et de l'intervention néo-colonialiste.

Dès le début, nous avons été menacés d'être frustrés dans nos efforts lorsqu'un rapide changement était une nécessité impérative, et nous avons risqué de sombrer dans l'instabilité, lorsque des efforts soutenus et des règles précises étaient indispensables. Il n'est pas d'actes sporadiques, il n'est pas d'intentions pieuses qui puissent résoudre nos problèmes actuels. Rien ne pourra nous servir, en dehors d'une action commune exécutée par une Afrique unie. Nous sommes déjà parvenus au stade où nous devons nous unir ou sombrer dans cet état où l'Amérique latine est devenue, contre son gré, la triste proie de l'impérialisme, après un siècle et demi d'indépendance politique.

En tant que continent, nous avons émergé dans l'indépendance à une époque différente, où l'impérialisme est devenu plus fort, plus implacable, plus expérimenté, plus dangereux aussi dans ses associations internationales. Notre évolution économique exige la fin de la domination colonialiste et néo-colonialiste en Afrique.

Mais si nous avons compris que la prise en main de nos destins nationaux exigeait que chacun d'entre nous possédât son indépendance politique et si nous avons concentré toute notre force pour y parvenir, de même nous devons reconnaître que notre indépendance économique réside dans notre **Union Africaine** et exige la même concentration sur les réalisations d'ordre politique.

Or, l'unité de notre continent ainsi que notre indépendance seront retardées si tant est que nous ne les perdions pas, si nous cédons au colonialisme. L'unité africaine est, avant tout, un royaume politique qui ne peut être conquis que par des moyens politiques. L'expansion sociale et économique de l'Afrique ne se réalisera qu'à l'intérieur de ce royaume politique, et l'inverse n'est pas vrai. Les États-Unis d'Amérique, l'Union des Républiques Socialistes Soviétiques (URSS), ont résulté des décisions politiques que prirent des peuples révolutionnaires, avant de devenir de puissantes réalités de force sociale et de richesses matérielles.

Comment, sinon par nos efforts conjoints, les parties les plus riches et encore asservies de notre continent seront-elles libérées de l'occupation coloniale et pour se joindre à nous, au processus de développement total de notre continent ? Chaque étape dans la décolonisation de notre continent a suscité un surcroit de résistance dans les secteurs où le colonialisme dispose de garnisons coloniales. Vous tous qui êtes ici, vous le savez.

Le grand dessein des intérêts impérialistes est de renforcer le colonialisme et le néo-colonialisme et nous nous tromperions nous-mêmes de la façon la plus cruelle, si nous devons considérer que leurs actions sont distinctes et sans rapports entre elles (....)

Contre ces plans, disposons-nous d'une autre arme que de notre unité ? Cette unité n'est-elle pas essentielle pour sauvegarder notre propre liberté et pour conquérir la liberté de nos frères opprimés, les combattants de la libération ? N'est-ce pas l'unité seule qui pourra nous forger pour nous intégrer en une force effective, capable de créer sa propre progression et d'apporter une contribution précieuse à la paix mondiale ? Quel est l'État africain indépendant ? Quel est celui d'entre vous qui prétendra que sa structure financière et ses institutions bancaires sont intégralement consacrées à son développement national ? Quel est celui d'entre vous qui pourra prétendre que ses ressources matérielles et ses énergies humaines sont disponibles pour ses propres aspirations nationales ? Quel est celui d'entre vous qui ne viendra pas avouer un degré substantiel de désappointement et de désillusion dans l'exécution de ses plans d'évolution agricole et urbaine ?

Dans une Afrique indépendante, nous recommençons déjà à ressentir l'instabilité et la frustration qui existaient sous la domination coloniale. Nous apprenons rapidement que l'indépendance politique ne suffit pas à nous libérer des conséquences de cette domination coloniale.

Le mouvement des masses de l'Afrique pour la libération de cette sorte de domination n'était pas seulement une révolte contre les conditions qu'elles imposaient.

Nos peuples nous ont apporté leur appui dans notre lutte pour l'indépendance parce qu'ils croyaient que l'avènement des gouvernements africains guérirait les maux du passé d'une façon qu'il n'aurait jamais été possible de le réaliser sous la domination coloniale. Par conséquent, si maintenant que nous sommes indépendants nous laissons subsister les mêmes conditions qui existaient à l'époque coloniale, tout le ressentiment qui renversera le colonialisme le mobilisera contre nous.

Les ressources sont là. Il nous appartient de les mobiliser pour les consacrer au service actif de nos peuples. Si nous ne le faisons pas au moyen d'efforts concertés, dans le cadre de notre planification commune, nous ne progresserons pas au rythme qu'exigent les évènements d'aujourd'hui et la volonté de nos peuples. Les symptômes de nos troubles ne feront que croitre et ces troubles eux-mêmes deviendront chroniques. C'est alors qu'il sera trop tard même pour que l'unité panafricaine nous assure la stabilité et la tranquillité, dans les efforts que nous déployons pour créer un continent de justice sociale et de bien-être matériel. Si nous ne créons pas dès maintenant l'unité africaine, nous qui siégeons ici aujourd'hui, nous serons demain les victimes et les martyrs du néo-colonialisme.

De toutes parts, tout vient nous prouver que les impérialistes ne se sont pas retirés. Il arrive parfois, comme au Congo, que leur intervention soit manifeste, mais généralement elle se dissimule sous le masque de nombreuses institutions qui se mêlent de nos affaires intérieures pour fomenter de la dissension sur notre territoire et créer une atmosphère de tension et d'instabilité politique. Tant que nous n'avons pas extirpé les racines qui nourrissent ce mécontentement, nous apporterons une aide à ces forces néo-colonialistes et nous deviendrons nos propres exécuteurs. Nous ne saurions laisser de côté les enseignements de l'histoire.

Notre continent est probablement le plus riche du globe, au point de vue de la production de minéraux et de matières premières pour l'industrie et l'agriculture. Du seul Congo, des firmes occidentales ont exporté du cuivre, du caoutchouc, du coton et bien d'autres produits encore, à concurrence de 2 773 000 000 de dollars, au cours de la décennie 1945-1955. De l'Afrique du Sud, les sociétés qui exploitent les mines d'or ont tiré, au cours des six années 1947-1953, des bénéfices de 814 milliards de dollars.

Très certainement, notre continent dépasse tous les autres dans son potentiel d'énergie hydro-électrique, qui, d'après l'évaluation de certains experts, représente 42 % du total mondial. Quel besoin avons-nous de rester employés à couper le bois et à puiser de l'eau pour les zones industrialisées du monde ?

Évidemment, on dit que nous n'avons pas de capitaux, de techniques industrielles, de voies de communication, de marchés intérieurs, et que nous ne parvenons même pas à tomber d'accord entre nous sur la meilleure façon d'utiliser nos ressources pour nos propres besoins sociaux.

Et pourtant, toutes les bourses du monde se préoccupent de l'or, du diamant, de l'uranium, du platine, des minerais de cuivre et de fer qui existent en Afrique. Nos capitaux coulent en véritables torrents pour irriguer tout le système de l'économie de l'Occident. On considère que 52 pour cent des réserves d'or détenues actuellement à Fort Knox, où les États-Unis d'Amérique emmagasinent ces réserves, proviennent de nos côtes. L'Afrique fournit plus de 60 % de l'or mondial. Une grande quantité de l'uranium employé pour l'énergie nucléaire, du cuivre employé pour l'électronique, du titanium utilisé pour les projectiles supersoniques, du fer et de l'acier utilisés par les industries lourdes, des autres minéraux et matières premières employés par les industries les plus légères – en fait les bases mêmes du pouvoir économique des puissances étrangères – proviennent de notre continent. Des experts ont estimé qu'à lui seul, le bassin du Congo peut produire suffisamment de récoltes alimentaires pour satisfaire aux besoins de près de la moitié de la population du monde entier. **Et nous sommes assis ici à parler de régionalisme, de progression graduelle, d'une étape après l'autre. Avez-vous peur de saisir le taureau par les cornes ?**

Pendant des siècles, l'Afrique a été la vache à lait du monde occidental. N'est-ce pas notre continent qui aida l'Occident à construire ces richesses accumulées ?

Il est vrai qu'en ce moment, nous rejetons aussi vite que nous le pouvons le joug du colonialisme, mais parallèlement à notre succès dans cette direction, l'impérialisme déploie un effort intensif pour continuer l'exploitation de nos ressources, en suscitant des dissensions entre nous.

Lorsque les colonies du continent américain ont cherché, au cours du 18e siècle, à se libérer de l'impérialisme, il n'existait aucune menace de néo-colonialisme, au sens où nous le connaissons aujourd'hui en Afrique. Les États américains étaient donc libres de former et de modeler l'unité qui était la mieux assortie à leurs besoins et de rédiger une constitution qui puisse maintenir leur unité, en dehors de toute forme d'intervention extérieure, tandis que nous, nous avons à tenir compte de ces interventions étrangères. Dans ces conditions, combien avons-nous besoin plus encore de nous rassembler dans l'unité africaine, qui peut seule nous libérer des griffes du néo-colonialisme et de l'impérialisme.

Nous avons les ressources. C'est en premier lieu le colonialisme qui nous a empêchés d'accumuler le capital effectif, mais par nous-mêmes, nous ne sommes pas parvenus à utiliser pleinement notre puissance dans l'indépendance, pour mobiliser nos ressources afin de démarrer de la façon la plus efficace dans une expansion économique et sociale aux profondes répercussions. Nous sommes trop exclusivement consacrés à guider les premiers pas de chacun de nos États pour comprendre pleinement la nécessité fondamentale d'une union dont les racines puisent dans une résolution commune, une planification commune et des efforts communs. Une union qui ne tient pas compte de ces nécessités fondamentales n'est qu'un leurre. C'est seulement en unissant notre capacité de production et les richesses qui en résultent que nous pouvons amasser des capitaux. Une fois déclenché, cet élan ne fera que croître. Avec des capitaux gérés par nos propres banques, consacrés à notre véritable expansion industrielle et agricole, nous pourrons progresser. Nous accumulerons le matériel industriel, nous pourrons créer des aciéries, des fonderies de fer et des usines ; nous unirons les divers États de notre continent en créant des voies de communication ; nous étonnerons le monde avec notre puissance hydro-électrique ; nous assécherons les marais et les marécages, nous purifierons les zones infestées, nous nourrirons ceux qui sont carencés, nous débarrasserons nos populations des parasites et des maladies. Il est au pouvoir de la science et de la technique de faire fleurir le Sahara lui-même et de le transformer en un vaste champ cultivé, porteur d'une végétation verdoyante pour notre expansion agricole et industrielle. Nous dompterons la radio, la télévision et les presses géantes d'imprimerie, pour faire sortir nos peuples des sombres abîmes de l'analphabétisme.

Il y a dix ans seulement, tout cela n'aurait représenté que les paroles de visionnaires, des fantaisies de rêveurs oisifs. Mais nous sommes à l'époque où la science a transcendé les limites du monde matériel et où la technique a envahi le silence de la nature. Le temps et l'espace ont été réduits à des abstractions dénuées d'importance. Des machines géantes percent des routes, éclaircissent nos forêts, construisent des barrages, des aérodromes, des camions monstrueux et des avions répartissent tous les produits, de puissants laboratoires fabriquent des remèdes, des relevés géologiques les plus complexes sont mis au point, de puissantes stations d'énergie électrique sont construites, de colossales usines se dressent vers le ciel, et tout cela à une vitesse incroyable. Le monde a cessé de progresser le long des sentiers de brousse, à dos d'ânes ou de chameaux. Nous ne pouvons plus nous permettre de régler nos besoins, notre développement, notre sécurité, sur le rythme de la marche des chameaux et des ânes. Nous ne pouvons plus nous permettre de ne pas abattre la brousse exubérante des attitudes périmées qui obstruent notre voie vers les grands chemins modernes des réalisations les plus amples et les plus rapides d'indépendance économique et d'élévation au plus haut degré du mode de vie de nos peuples.

Même pour les autres continents qui ne disposent pas des ressources dont regorge l'Afrique, l'heure est venue de voir la fin de la détresse humaine. Pour nous, il s'agit tout simplement de saisir avec certitude notre légitime héritage, en utilisant la puissance politique créée par notre unité. Tout ce dont nous avons besoin, c'est de nous développer avec notre puissance commune sur la base d'énormes ressources de notre continent. Une Afrique unie offrira un secteur stable aux investissements étrangers dont nous encourageons l'apport tant qu'ils ne se comporteront pas en ennemis de nos intérêts africains, car de tels investissements doivent renforcer l'expansion de l'économie de notre continent, l'emploi de notre main d'œuvre, la formation technique de nos travailleurs et l'Afrique les accueillera favorablement. En traitant avec une Afrique unie, ceux qui apportent des capitaux n'auront plus à évaluer avec inquiétude les risques de négocier, au cours d'une période, avec des gouvernements qui pourraient ne plus exister dans la période immédiate. Au lieu de traiter ou de négocier avec un si grand nombre d'États séparés, ils traiteront avec un seul gouvernement uni qui poursuivra une harmonieuse politique continentale.

Est-il un autre moyen que celui-là ? Si nous échouons à ce stade et si nous laissons s'écouler le temps qui doit permettre au néo-colonialisme de consolider sa position sur notre continent, quel sera le destin de nos combattants de la libération ? Quel sera enfin le destin des autres territoires africains qui ne sont pas encore libres ?

À moins que nous puissions créer en Afrique de puissants complexes industriels – ce qui n'est réalisable que dans une Afrique unie –, nous devons laisser notre paysannerie à la merci des marchés étrangers qui achèvent leurs récoltes et nous devrons faire face à la même impatience qui renversa les colonialistes. À quoi servent, pour les cultivateurs, l'enseignement et la mécanisation ? À quoi sert même le capital, si nous ne pouvons pas assurer au paysan une vie meilleure ? Les travailleurs, les cultivateurs, qu'auront-ils gagné dans l'indépendance politique, aussi longtemps que nous ne pourrons leur assurer un rendement équitable de leurs travaux et un niveau de vie plus élevé ?

Aussi longtemps que nous ne pourrons créer de grands complexes industriels en Afrique, quels bénéfices le travailleur des villes et des pays qui cultivent des terres surchargées d'habitants auront-ils retirés de l'indépendance politique ? S'ils doivent rester chômeurs ou attachés à des tâches réservées à la main-d'œuvre non spécialisée, à quoi leur serviront les installations perfectionnées créées pour l'enseignement, la formation technique, au service de l'énergie et de l'ambition que l'indépendance nous permet de leur offrir ?

C'est à peine s'il existe un seul État africain qui n'ait un problème de frontière avec les États limitrophes. Il serait inutile que je les énumère, car ces problèmes vous sont déjà familiers. Mais que vos Excellences me permettent de suggérer que ce vestige fatal du colonialisme risque de nous entrainer dans des guerres intestines, au moment où notre expansion industrielle se déroule sans plan et sans coordination exactement comme il en est advenu en Europe. Tant que nous n'aurons pas réussi à mettre un terme à ce danger, par la compréhension mutuelle des questions fondamentales et par l'unité africaine qui rendront périmées et superflues les frontières actuelles, c'est en vain que nous aurons combattu pour l'indépendance.

Seule l'unité africaine peut cicatriser cette plaie infectée des litiges frontaliers entre nos divers États. Excellences, le remède à ces maux est entre nos propres mains, nous-mêmes. Il nous confronte à chaque barrière douanière, il crie vers nous du fond de chaque cœur africain. En créant une véritable union politique de tous les États indépendants d'Afrique, dotée de pouvoirs exécutifs pour exercer une direction politique, nous pouvons avec espoir et confiance répondre à chaque circonstance critique, à chaque ennemi, à chaque problème complexe.

Non pas que nous soyons une race de surhommes, mais parce que nous sommes parvenus à l'époque de la science et de la technique, la pauvreté, l'ignorance et la maladie auront cessé d'être les maîtres, mais ne seront simplement plus que des ennemis fuyants de l'humanité. Nous sommes parvenus à l'âge de la planification socialisée, où la production et la répartition des biens auront cessé d'être régies par le chaos, l'intérêt personnel, mais seront dirigées par les besoins sociaux. En même temps que le reste de l'humanité, nous nous éveillons des rêves de l'utopie pour mettre sur le papier des plans pratiques de progrès et de justice sociale.

Avant tout, nous sommes arrivés à une époque où une masse territoriale d'un continent comme l'Afrique, avec sa population proche de 300 millions d'humains, est nécessaire à la capitalisation économique et au rendement des méthodes et des techniques de production moderne. Nul d'entre nous, travaillant seul et individuellement, ne peut parvenir à réaliser son développement intégral. Certainement, dans les circonstances actuelles, nous n'aurons pas la possibilité d'apporter une assistance suffisante aux États frères qui s'efforcent, contre les conditions les plus difficiles, d'améliorer leur structure économique et sociale. Seule une Afrique unie fonctionnant sous un gouvernement d'union peut avoir la puissance de mobiliser les ressources matérielles et morales de nos divers pays et de les utiliser efficacement et énergiquement, de manière à susciter un changement rapide dans la condition de notre peuple.

Si nous n'abordons pas les problèmes de l'Afrique avec un front commun et une résolution commune, nous perdrons notre temps en marchandage et en arguments vides jusqu'au moment où nous serons de nouveau colonisés et nous serons devenus des instruments d'un colonialisme bien plus puissant que celui dont nous avons souffert jusqu'à présent.

Cette union, nous devons la réaliser, sans nécessairement sacrifier nos diverses souverainetés, grandes ou petites, nous devons, dès maintenant et ici même, forger une union politique fondée sur une défense commune, des affaires étrangères et une diplomatie communes, une nationalité commune, une monnaie africaine, une zone monétaire africaine et une Banque centrale africaine. Nous devons nous unir afin de réaliser la libération intégrale de notre continent. Il nous faut créer un système de défense commune, dirigé par un commandement suprême africain, pour assurer la stabilité et la sécurité de l'Afrique.

Nous avons été chargés de cette tâche sacrée par nos peuples. Nous ne pouvons les décevoir ni trahir leur confiance. Nous tournerions en dérision les espoirs de nos peuples si nous montrions la plus minime hésitation ou si nous apportions le moindre retard à aborder objectivement cette question de l'unité africaine.

La fourniture d'armes ou d'autres aides militaires de la part des oppresseurs coloniaux de l'Afrique doit être considérée non seulement comme une aide à ceux qui cherchent à triompher des combattants de la libération, dans leur lutte pour l'indépendance africaine, mais comme un acte d'agression contre toute l'Afrique. Comment pouvons-nous faire face à cette agression, sinon par le poids intégral de notre puissance unie ?

Plusieurs d'entre nous ont fait du non-alignement un acte de foi sur notre continent. Nous n'avons aucun désir, aucune intention d'être entrainés dans la guerre froide, mais étant donné l'état actuel de faiblesse et d'insécurité où se trouvent nos États, dans le contexte de la politique mondiale, cette recherche de bases et de sphères d'influence fait pénétrer la guerre froide en Afrique, avec ses dangers d'extermination nucléaire. L'Afrique doit être déclarée zone franche dénucléarisée, à l'écart des exigences de la guerre froide. Mais nous ne pouvons pas donner un caractère impératif à cette exigence, si nous ne la formulons pas du haut d'une position de force que nous ne pouvons réaliser que par notre unité.

Or, au lieu d'adopter une telle attitude, plusieurs États africains indépendants sont liés par des pactes militaires avec les anciennes puissances coloniales. La stabilité et la sécurité que de tels procédés cherchent à établir sont illusoires, car les puissances métropolitaines saisissent cette occasion pour accentuer leur domination néo-colonialiste en impliquant la puissance africaine dans une entente militaire. Nous avons vu de quelle façon les néo-colonialistes utilisent leur base pour se retrancher et même pour attaquer les États voisins indépendants. De telles bases sont des centres de tension et des points de danger potentiel de conflits militaires. Elles menacent la sécurité non seulement du pays où elles sont situées, mais aussi des pays limitrophes. Comment pouvons-nous espérer faire de l'Afrique une zone franche dénucléarisée et libre de toute pression exercée par la guerre froide, lorsque notre continent est impliqué de cette façon dans les questions militaires ? Ce n'est qu'en équilibrant une force commune de défense par un désir commun de réaliser une Afrique libre de tout lien imposé par un diktat étranger ou une présence militaire et nucléaire. Il faudra pour cela un commandement suprême africain dont l'autorité s'exerce sur tout le continent, tout particulièrement si l'on doit renoncer aux pactes militaires conclus avec les impérialistes. C'est le seul moyen de parvenir à briser ces liens directs entre le colonialisme du passé et le néo-colonialisme que nous combattons actuellement et qui crée entre nous des dissensions.

Nous n'avons pas l'intention de créer et nous ne concevons pas un commandement suprême africain conçu d'après les pouvoirs politiques qui régissent maintenant une grande partie du monde, mais par un instrument essentiel et indispensable à la stabilité et à la sécurité en Afrique.

Nous avons besoin d'une planification économique unifiée pour l'Afrique. Tant que la puissance économique de notre continent ne se trouve pas concentrée entre nos mains, les masses ne peuvent avoir aucun intérêt réel, aucune préoccupation réelle pour collaborer à la sauvegarde de notre sécurité, pour maintenir la stabilité de nos régimes et pour mettre leurs forces au service de nos objectifs. Avec le rassemblement de nos ressources, de nos énergies et de nos talents, nous avons les moyens, dès que nous en manifestons la volonté, de transformer les structures économiques de nos divers États et de les faire passer de la pauvreté dans l'abondance, de l'inégalité à la satisfaction des besoins de nos peuples. C'est seulement sur une base continentale que nous aurons la possibilité d'établir un plan pour la juste utilisation de toutes nos ressources et pour leur consécration à la pleine expansion de notre continent.

Par quel autre moyen pourrons-nous conserver nos propres capitaux pour notre propre développement économique ? Par quel autre moyen pourrons-nous créer un marché intérieur consacré aux services de nos propres industries ? Si nous appartenons à des zones économiques différentes, comment pourrons-nous abattre les barrières qui s'opposent au mouvement de devises et des échanges entre États africains et comment ceux qui sont économiquement plus forts parmi nous seront-ils en mesure d'aider les États les plus faibles et les moins développés ?

Il est important de se rappeler qu'un financement et un développement indépendant sont irréalisables sans une monnaie indépendante. Un système monétaire, qui est soutenu par les ressources d'un État étranger est ipso facto subordonné aux arrangements commerciaux et financiers de ce pays étranger. Du fait que nous avons des barrières douanières et monétaires pour avoir été soumis aux différents systèmes monétaires des puissances étrangères, la fissure qui nous sépare en Afrique s'est automatiquement élargie. Comment, par exemple, des communautés apparentées et des familles liées par des liens commerciaux peuvent-elles s'aider l'une l'autre avec succès si elles sont divisées par des frontières nationales et des restrictions monétaires ? Le seul moyen qui leur est offert dans ces conditions est d'employer des devises de contrebande et d'enrichir des rackets et des escrocs internationaux qui prospèrent sur nos difficultés financières et économiques.

Aucun État africain indépendant n'a aujourd'hui par lui-même la possibilité de suivre une voie indépendante de développement économique, et plusieurs d'entre nous qui nous y sommes efforcés ont été presque ruinés ou ont dû se laisser ramener au bercail de leurs anciens maîtres coloniaux. Cette situation ne changera pas tant que nous n'aurons pas une politique unifiée opérant sur le plan continental. Une première démarche vers une économie cohérente devrait consister en la création d'une zone monétaire unifiée, débutant par un accord sur la parité de nos monnaies. Pour faciliter cet arrangement, le Ghana accepterait d'adopter le système décimal. Lorsque nous constaterons que notre accord sur une parité fixe commune fonctionnera avec succès, il semble qu'il n'y aura aucune raison pour ne pas créer une monnaie commune et une seule banque d'émission. Lorsque nous disposerons d'une monnaie commune émise par une seule banque d'émission, nous devrions être capables de tenir par nos propres forces, car un tel arrangement serait pleinement appuyé par le produit national combiné des États qui composent notre union. Après tout, le pouvoir d'achat de la monnaie dépend de la productivité et de l'exploitation productive des ressources naturelles, humaines et physiques de la nation.

Tandis que nous assurerons notre stabilité par un système de défense commune et que notre économie sera orientée en dehors de toute domination étrangère au moyen d'une devise commune, d'une zone monétaire et d'une banque centrale d'émission, nous pourrons déterminer si nous possédons le plus vaste potentiel d'énergie hydro-électrique et si nous pouvons l'exploiter, ainsi que les autres sources d'énergie, au bénéfice de nos propres industries. Nous pourrons commencer à dresser le plan de notre industrialisation à l'échelle du continent et à construire un marché commun pour près de trois cents millions d'êtres humains.

Cette planification continentale commune, au service du développement agricole et industriel de l'Afrique, est une nécessité vitale.

Tant de bénédictions doivent provenir de notre unité, tant de désastres doivent découler du maintien de notre désunion, que si nous ne parvenons pas aujourd'hui à nous unir, cet échec ne sera pas imputé par la postérité uniquement à un défaut de raisonnement lié à un manque de courage, mais au fait que nous avons capitulé devant les forces conjuguées du néo-colonialisme et de l'impérialisme.

L'heure de l'histoire qui nous a amenés dans cette assemblée est une heure révolutionnaire. C'est l'heure de la décision. Pour la première fois, l'impérialisme économique qui nous menace se voit lui-même jeter un défi par l'irrésistible volonté de notre peuple.

Les masses des peuples d'Afrique crient vers l'unité. Les peuples d'Afrique exigent que l'on abroge les frontières qui les divisent. Ils exigent entre des États africains frères, la cessation des litiges frontaliers qui proviennent des barrières artificielles dressées par un colonialisme qui avait l'intention formelle de nous diviser. C'est sa volonté qui nous a laissés en proie à cet irrédentisme de frontière et qui a repoussé notre fusion ethnique et culturelle.

Nos peuples appellent de leurs vœux cette unité, afin qu'ils ne risquent pas de perdre leur patrimoine au service perpétuel du néo-colonialisme. Dans cette fervente pression qu'ils exercent dans le sens de l'unité, ils comprennent que seule cette réalisation donnera son plein sens à leur liberté et à notre indépendance africaine.

C'est ce ferme propos populaire qui doit nous amener à une **union des États africains indépendants**. Dans le moindre retard réside un danger pour notre bien-être et pour notre existence même en tant qu'États libres.

On a suggéré que notre marche vers l'unité soit graduelle et progresse en ordre dispersé. Ce point de vue consiste à concevoir l'Afrique comme une entité statique chargée de résoudre des problèmes « gelés » susceptibles d'être éliminés l'un après l'autre, si bien qu'une fois cette tâche terminée, nous allons nous réunir et déclarer : « maintenant tout est bien ; réalisons maintenant notre union ». Cette conception ne tient pas compte de l'impact des pressions extérieures et n'est pas consciente de ce danger qu'un retard peut intensifier notre isolement ou notre exclusion et élargir nos divergences, tant et si bien que seront davantage encore lancés à la dérive, plus loin encore les uns des autres pour tomber dans les rets du néo-colonialisme, si bien que notre union ne sera plus qu'un espoir évanescent, et que le Grand Dessein de l'intégrale rédemption de l'Afrique s'écroulera peut-être à jamais.

Certains ont également exprimé l'opinion que nos difficultés peuvent être résolues simplement par une plus grande collaboration réalisée au moyen d'une association coopérative, sur le plan de nos relations intraterritoriales. Cette façon de considérer nos problèmes consiste à nier la juste conception de leurs rapports intérieurs et réciproques. Elle consiste à dénier toutefois dans un avenir ouvert à la progression africaine dans l'indépendance africaine. Elle trahit le sentiment qu'une solution ne peut être trouvée que dans la continuation d'une confiance envers les sources extérieures, au moyen d'accords bilatéraux qui organisent une assistance, sous une forme économique et diverses autres formes.

Un fait est certain, bien que nous ayons collaboré et que nous nous soyons associés dans divers secteurs d'entreprises communes même avant l'ère coloniale, cela ne nous a pas donné l'identité continentale et la force politique et économique qui pourraient nous aider à résoudre efficacement les problèmes complexes que doit affronter l'Afrique aujourd'hui. S'il s'agit de l'assistance extérieure, une Afrique unie se trouverait dans une position beaucoup plus favorable pour l'attirer. Il existe aussi dans un arrangement de cette nature, ce nouvel avantage qui impose davantage encore cette voie, que l'assistance affluera de toutes parts vers une Afrique unie parce que nos possibilités de marchandage seront infiniment plus fortes. Nous cesserons de dépendre plus longtemps d'une aide accompagnée de conditions restrictives. Le monde entier sera à notre disposition.

Qu'attendons-nous maintenant en Afrique ? Attendons-nous des chartes conçues à l'exemple de celle des Nations unies ? Attendons-nous un type d'organisation réalisé sur le modèle des Nations unies dont les décisions sont fondées sur des résolutions dont l'expérience nous apprend qu'elles ont été parfois tenues pour nulles et non avenues par des États membres ? Doit-il s'agir d'une organisation à l'intérieur de laquelle des groupes se constitueront et des pressions s'exerceront conformément aux intérêts des différents groupes ? Ou bien, a-t-on l'intention que l'Afrique se transforme en une organisation assez lâche d'États sur le modèle des États américains, où ceux qui seront les plus faibles risquent d'être à la merci, sur le plan politique ou économique, des plus forts ou des plus puissants, et où tous les États seront à la merci de quelques puissantes nations ou de quelques groupes de nations étrangères ? Est-ce une association de cette nature que nous voulons réaliser ?

Excellences, permettez-moi de vous poser une question : Est-ce un cadre ? Un arrangement qui, à l'avenir, pourrait permettre par exemple au Ghana, au Nigéria, au Soudan, au Libéria, à l'Égypte ou à l'Éthiopie d'employer la pression que confère une puissance économique ou une puissance politique supérieure pour imposer, par exemple, au Burundi, au Togo ou au Nyassaland, une direction de leurs échanges commerciaux vers le Mozambique ou Madagascar ?

Nous voulons tous une Afrique unie, et non seulement dans le concept qu'indique ce terme d'unité, mais encore par notre désir d'aller de l'avant, tous ensemble, en résolvant tous les problèmes qui ne peuvent l'être que sur une base continentale.

Quand le premier congrès des États-Unis s'est réuni, il y a plusieurs années à Philadelphie, l'un des délégués fit vibrer la première corde d'unité en déclarant qu'ils se réunissaient dans « l'état de nature ». En d'autres termes, ils ne se trouvaient pas à Philadelphie en qualité de Virginiens ou de Pennsylvaniens, mais bien d'Américains représentant à cette époque une nouvelle et étrange expérience. Puis-je me permettre d'attester également aujourd'hui, Excellences, que nous ne sommes pas réunis en qualité de Ghanéens, de Guinéens, d'Égyptiens, d'Algériens, de Marocains, de Maliens, de Libériens, de Congolais ou de Nigériens, mais en qualité d'Africains. Ce sont des Africains qui se trouvent réunis dans le ferme propos de rester rassemblés jusqu'à ce qu'ils aient décidé entre eux quelles sont les garanties qu'un nouvel accord de gouvernement continental peut leur assurer actuellement et dans l'avenir.

Si nous réussissons à mettre sur pied une nouvelle série de principes comme base d'une nouvelle charte ou d'un statut portant création de l'unité continentale de l'Afrique et d'un progrès social et politique pour nos peuples, alors, à mon avis, notre conférence doit sonner la fin de nos divers groupes et blocs régionaux. Mais si nous échouons et si nous laissons s'écouler cette noble et historique occasion qui nous est offerte, nous déclencherons alors un renforcement de dissensions et de divisions que le peuple africain ne nous pardonnera jamais. Nous serions condamnés par les forces et les mouvements populaires et progressistes qui existent à l'intérieur de l'Afrique. Aussi, suis-je certain que nous n'allons pas décevoir ces espérances.

Excellences, si j'ai parlé un peu longuement, c'est parce qu'il est nécessaire que nous expliquions la situation réelle, non seulement à chacun de ceux qui sont présents ici, mais aussi aux peuples qui nous ont confié le sort et la destinée de l'Afrique. Nous ne devons donc pas partir d'ici tant que nous n'aurons pas mis sur place tout un mécanisme efficace pour la réalisation de l'unité africaine. À cette fin, je propose à votre examen les mesures suivantes :

Comme première démarche, une déclaration des principes qui nous unissent et qui nous lient, à laquelle nous devrons tous adhérer fidèlement et loyalement et qui posera les fondations de l'unité. Nous devons également faire une déclaration officielle, au terme de laquelle les États indépendants d'Afrique décident eux-mêmes et dès maintenant la création d'une union des États africains.

Une seconde mesure, également urgente, pour la réalisation de l'unification de l'Afrique, c'est la création, dès maintenant, d'un Comité panafricain des ministres des Affaires étrangères, avant que nous partions de cette conférence, une date devra être fixée avant la réunion de ce comité.

Ce comité doit créer, au nom des Chefs de nos gouvernements, un organe permanent de fonctionnaires et d'experts chargés de mettre en œuvre l'organisation qui doit assurer le fonctionnement du gouvernement d'union africaine. Cet organisme de fonctionnaires et d'experts doit être composé de deux meilleurs cerveaux de chaque État africain indépendant. Les diverses chartes des groupements actuels et les autres documents pertinents pourront être présentés à ces fonctionnaires et experts. Un présidium composé de Chefs de gouvernement des États africains indépendants devra alors être convoqué pour adopter une Constitution et d'autres recommandations qui déclencheront le lancement du gouvernement de l'union de l'Afrique.

Nous devons également nous prononcer sur le choix de l'emplacement où travaillera cet organe de fonctionnaires et d'experts, qui constituera le nouveau siège central, ou la capitale de notre gouvernement d'union. Les suggestions les plus équitables pourraient porter sur une cité centrale, soit à Bangui, dans la République du Centre Afrique, soit à Léopoldville, au Congo. Nos collègues peuvent avoir d'autres propositions. Quoi qu'il en soit, ce Comité des ministres des Affaires étrangères, de fonctionnaires et d'experts doit pouvoir créer :

1) Une commission chargée d'élaborer une Constitution pour un gouvernement d'union des États africains ;
2) Une commission chargée d'élaborer un plan d'envergure continentale qui organiserait un programme économique et industriel unifié et commun pour l'Afrique ; ce programme doit comporter des propositions sur la création :

   a) d'un marché commun pour l'Afrique ;
   b) d'une monnaie africaine ;

c) d'une zone monétaire africaine ;

d) d'une Banque centrale africaine ;

e) d'un système continental de télécommunications ;

3) Une commission chargée d'élaborer un plan détaillé de politique extérieure et de diplomatie commune ;

4) Une commission chargée de présenter des plans de systèmes communs de défense ;

5) Une commission chargée de présenter les propositions de création d'une citoyenneté africaine commune.

Ces commissions feront rapport au Comité des ministres des Affaires étrangères qui, à son tour, soumettra, dans les six mois, leurs recommandations au présidium. Celui-ci, réuni en conférence au siège de l'Union, étudiera et approuvera les recommandations du Comité des ministres des Affaires étrangères.

Afin d'assurer les fonds immédiatement nécessaires pour les travaux des fonctionnaires et experts permanents du siège de l'Union, je suggère qu'un comité spécial soit constitué pour mettre au point un projet de budget.

Excellences, au moyen de ces mesures, je considère que nous serons irrévocablement engagés sur la voie qui nous permettra de créer un gouvernement d'union pour l'Afrique. Seule une Afrique unie, dotée d'une direction politique centrale pourra donner avec succès un appui matériel et moral effectif à nos combattants de la libération qui luttent dans la Rhodésie du Sud, l'Angola, le Mozambique, l'Afrique du Sud-ouest, le Bechuanaland, le Swaziland, le Bassouto land, la Guinée portugaise, etc., etc., et naturellement l'Afrique du Sud. L'Afrique tout entière doit être libérée maintenant. Il est donc impérieux pour nous de créer ici même et dès maintenant un bureau de libération au service des combattants africains.

Son principal objectif, auquel doivent souscrire tous les gouvernements, sera d'accélérer l'émancipation du reste de l'Afrique qui se trouve encore soumise à la domination et à l'oppression coloniale et raciste. Nous devons assumer en commun la responsabilité d'aider et de financer ce bureau. Lors de leurs accès à l'indépendance, ces territoires viendront automatiquement rejoindre l'Union des États africains et renforcer ainsi la structure de l'unité de l'Afrique. Nous partirons d'ici en ayant jeté les fondements de notre unité.

Excellences, rien ne saurait convenir davantage que la naissance de l'unification de l'Afrique sur le sol de l'État qui s'est dressé pendant des siècles comme le symbole de l'indépendance africaine.

Revenons à nos peuples d'Afrique, non pas les mains vides ou chargées de résolutions claironnantes, mais avec le ferme espoir et la certitude absolue qu'enfin l'unité africaine est devenue une réalité. Nous entreprendrons alors la marche triomphale vers le Royaume de la personnalité africaine, et vers un continent de prospérité, de progrès, d'égalité, de justice, d'activité et de bonheur. Ce sera là notre victoire, réalisée au sein d'un gouvernement continental d'une Union des États africains. Cette victoire donnera à notre voix une force plus grande dans les affaires mondiales et nous permettra de peser plus fortement du côté de la paix dans l'un des plateaux de la balance.

Le monde a besoin d'une paix où il pourra bénéficier au maximum des bienfaits de la science et de la technique. Un grand nombre de maux dont souffre actuellement le monde réside dans l'insécurité et la peur engendrées par la menace de guerre nucléaire. Les nouvelles nations ont, tout particulièrement, besoin de la paix pour leur frayer un chemin dans une vie de bien-être économique et social dans une atmosphère de sécurité et de stabilité qui permettra des évolutions morales, culturelles et spirituelles.

Si nous pouvons en Afrique donner l'exemple d'un continent uni avec une politique et une économie communes, nous aurons apporté la paix à laquelle aspirent aujourd'hui tous les hommes et les femmes, la plus belle contribution qui soit en notre possession, qui dissipera immédiatement et à jamais l'ombre croissante de destruction globale qui menace l'humanité. »

Tout a évidemment été dit et redit sur ce long discours-programme sur l'unité africaine de l'un des Pères fondateurs de l'OUA. Il est inutile de préciser que cette allocution a très fortement marqué les esprits. On l'aura noté, le mot « unité » et les mots apparentés ont été abondamment utilisés. On en retient principalement une chose qui reste vraie aujourd'hui : aucun des cinquante-cinq pays africains, travaillant seul et individuellement, ne peut parvenir à réaliser son développement intégral.

Le Président du Ghana en a appelé, à Addis-Abeba, à la création, « ici et dès maintenant », des États unis indépendants d'Afrique et, au plan économique, à l'élaboration d'un plan d'envergure continentale structuré autour d'un programme économique et industriel unifié et commun pour le continent, comportant la création d'un marché unique pour l'Afrique, d'une monnaie africaine, d'une zone monétaire africaine, d'une Banque centrale africaine et d'un système continental de télécommunications.

L'histoire nous enseigne que Kwame Nkrumah n'a pas été suivi par ses Pairs en 1963. Sa vision des choses sur l'intégration économique et politique n'a pas triomphé, au profit de celle qui a privilégié une démarche graduelle devant conduire vers l'unité de l'Afrique.

Beaucoup de Chefs d'État africains présents à Kigali le 21 mars 2018 se sont sûrement souvenus de ce discours, qui reste d'actualité plusieurs décennies après. Ceux qui étaient présents le 7 juillet 2019 à Niamey lorsque la décision a été prise de loger le Secrétariat de la ZLECAf à Accra, au Ghana, ont sans aucun doute eu une pensée pour ce militant de la première heure du panafricanisme.

On se doit de le constater, pour le marché unifié continental justement, le rêve s'est fait depuis les indépendances des pays africains, au début des années 60. En 2018 à Kigali, il a commencé à prendre corps.

CHAPITRE 3

D'ADDIS-ABEBA A KIGALI : LA LONGUE MARCHE VERS UN MARCHÉ CONTINENTAL UNIFIÉ

Dans le présent chapitre, nous allons succinctement examiner un certain nombre d'initiatives qui donneront au lecteur un aperçu des différentes étapes de l'intégration régionale sur le continent noir.

Nous avons délibérément choisi de traiter séparément la question des CER au chapitre suivant. Nos analyses seront faites sur la base d'un découpage du temps qui obéit aux principales périodes de cette histoire.

I. La période 1960-1980 : l'OUA pose les fondations de l'intégration africaine

Avec le début du processus de décolonisation des pays africains à partir de la fin des années 1950, le continent s'est retrouvé avec des pays fragilisés et affaiblis, incapables de s'affirmer individuellement dans le concert des Nations. En conséquence, les premiers Chefs d'État et de gouvernement africains chercheront à bâtir une Afrique intégrée, afin de renforcer leurs différentes positions.

Des initiatives vont fleurir ici et là. Certaines n'ont pas pu donner les résultats escomptés, d'autres ont été étouffées par des programmes internationaux conçus au même moment pour le développement de l'Afrique.

L'une des premières initiatives ayant abouti a été la création de l'OUA et l'on doit à la vérité se dire que sa priorité n'était pas l'intégration économique, dans la mesure où de nombreux pays du continent étaient encore sous le joug de la domination coloniale et l'apartheid régnait comme mode de gouvernance politique en Afrique du Sud. C'est la raison pour laquelle l'on n'aura aucune peine à expliquer pourquoi, sur le plan de l'intégration, les résultats se sont fait attendre. Même s'il est vrai, comme on l'a vu au précédent chapitre, que bon nombre d'acteurs politiques, à l'instar de Kwame Nkrumah, avaient élaboré des programmes complets intégrant à la fois le développement économique, l'intégration régionale et l'émancipation politique du continent.

Le contexte politique international de l'époque était alors dominé par la guerre froide, confrontation vécue pendant la deuxième moitié du XXe siècle entre « l'Ouest » (les démocraties occidentales) et « l'Est » (les régimes communistes), et le néocolonialisme. Ces deux faits historiques ont eu, nul ne peut en douter, des conséquences négatives sur la construction de l'unité politique et économique du continent.

Cette partie de l'histoire de l'intégration économique de l'Afrique se terminera par l'adoption, le 29 avril 1980, du Plan d'action de Lagos pour le développement économique de l'Afrique, en ravivant à nouveau les espoirs.

L'objectif principal du Plan d'action de Lagos était de parvenir à « l'autosuffisance nationale et collective dans les domaines économique et social, en vue de l'instauration d'un nouvel ordre économique international ».

Ce plan, faut-il le signaler, a été la conséquence du bilan économique médiocre qu'affichaient les pays africains à la fin des années 1970, après l'enthousiasme de la période post indépendances. S'inspirant du travail des économistes et des experts africains, il se déclinait en un vaste programme de mesures pour la période 1980-2000 qui prévoyait la création, avant la fin du XXe siècle, du marché commun africain.

Les économies africaines étaient globalement décrites au début des années 1980 par des taux d'inflation élevés, des déficits budgétaires et commerciaux importants, des taux de croissance faibles, etc. Des inquiétudes ont vu le jour sur la capacité de l'Afrique à prendre une place honorable dans le train de la mondialisation qui accélérait sa vitesse. C'est également à cette période que le poids du service de la dette a commencé à peser sur les budgets de plusieurs pays africains.

Le Plan d'action de Lagos a fait le choix d'une stratégie volontariste, basée sur le renforcement des économies locales, la souveraineté sur les ressources naturelles, l'autosuffisance alimentaire, l'essor de l'industrie et, surtout, la mobilisation des populations. Parmi les mesures principales figuraient la mise en œuvre d'une stratégie continentale en matière de transports et de communication et l'intensification des échanges commerciaux. Le Plan d'action de Lagos prévoyait également d'encourager le développement des nouvelles technologies et la formation. Dans la tradition des politiques menées depuis les indépendances, la puissance publique devait jouer un rôle clé, mais cette fois dans le cadre du plan d'action continental basé sur le renforcement des coopérations régionales.

II. 1981-1990 : la décennie perdue

Le Plan d'action de Lagos avait des objectifs ambitieux qui n'ont pas pu être atteints. En réalité, il n'a pas pu véritablement être exécuté et a été abandonné quelques années seulement après son adoption.

En particulier, en tant qu'objectif ultime, le marché commun n'a pas été créé. Qu'est-ce qui aura expliqué cet échec ? Pour répondre à cette question, il conviendrait, non sans raison, qu'à côté du manque des financements, qu'on indexe l'influence négative des Programmes d'Ajustement Structurel (PAS). Ce sont de vastes programmes économiques ayant pour but de rééquilibrer, de manière durable, les balances des paiements des pays et de promouvoir la reprise de la croissance économique. Ces programmes, qui sont exécutés avec l'appui des institutions de Breton Wood, ont été lancés pratiquement au même moment que le Plan d'action de Lagos. Faut-il le redire ici, les PAS, qui ont été pendant longtemps la pierre angulaire des politiques de court terme adoptées par beaucoup de pays africains au cours des années 1980 et 1990, ont privilégié en effet des réformes autonomes et renforcé l'illusion d'un développement national, autocentré et indépendant, portant ainsi un grand préjudice à l'importante notion de coopération sous-régionale et régionale.

La période 1981-1990 a ainsi été celle du déclin constant et général de l'activité économique, du bien-être social et du niveau de vie des populations en Afrique. La grave crise qui a secoué le continent africain pouvait alors se mesurer dans et par la détérioration généralisée des indicateurs macroéconomiques, la désintégration des structures de production et des infrastructures. C'est la décennie gâchée et perdue en matière d'intégration économique en Afrique.

III. 1991-2015 : la mise en œuvre du traité d'Abuja

Adopté le 3 juin 1991 et entré en vigueur le 12 mai 1994, l'objectif affiché du Traité d'Abuja a toute sa noblesse. Il se décline en la création d'une union économique et monétaire en 6 étapes suivantes, réparties sur une période de 34 ans :

Première étape (date butoir : 1999) :

- Renforcement du cadre institutionnel des CER existantes et création de nouvelles CER là où il n'en existe pas, au cours d'une période de cinq (5) années au maximum, à partir de la date d'entrée en vigueur du Traité (cette étape devait donc s'achever au plus tard en 1999) ;

Deuxième étape (date butoir : 2007) :

- Au niveau de chaque CER, et au cours d'une période de huit (8) années au maximum, stabilisation des barrières tarifaires et non tarifaires, des droits de douane et des taxes intérieures existant à la date d'entrée en vigueur du Traité ;
- Élaboration et adoption des études afin de fixer le calendrier pour l'élimination progressive des barrières tarifaires et non tarifaires entravant le commerce régional et intracommunautaire ainsi que pour l'harmonisation graduelle des droits de douane vis-à-vis des États tiers ;
- Renforcement de l'intégration sectorielle aux niveaux régional et continental, de tous les secteurs d'activité et en particulier dans les domaines du commerce, de l'agriculture, de la monnaie et des finances, des transports et communications, de l'industrie et de l'énergie ;
- Coordination et harmonisation des activités entre les CER existantes et futures ;

Troisième étape (date butoir : 2017) :

- Au niveau de chaque CER et au cours d'une période de dix (10) années au maximum, création d'une zone de libre-échange par l'application du calendrier pour l'élimination progressive des obstacles tarifaires et non tarifaires au commerce intracommunautaire et mise en place d'une union douanière, par l'adoption d'un tarif extérieur commun ;

Quatrième étape (date butoir : 2019)

- Au cours d'une période de deux (2) années au maximum, coordination et harmonisation des systèmes tarifaires et non tarifaires entre les différentes CER en vue de la mise en place d'une union douanière au niveau continental, par l'adoption d'un tarif extérieur commun ;

Cinquième étape (date butoir : 2023) :

- Au cours d'une période de quatre (4) années au maximum, établissement d'un marché commun africain par :
  - (i) l'adoption d'une politique commune dans un certain nombre de domaines tels que l'agriculture, les transports et communications, l'industrie, l'énergie et la recherche scientifique ;
  - (ii) l'harmonisation des politiques monétaires, financières et fiscales ;
  - (iii) la mise en œuvre du principe de la libre circulation des personnes ainsi que l'application des droits de résidence et d'établissement ;
  - (iv) la création de ressources propres à la Communauté ;

Sixième étape (date butoir : 2028) :

- Au cours d'une période de cinq (5) années maximum :
  - (i) consolidation et renforcement de la structure du marché commun africain par la libre circulation des personnes, des biens, des capitaux et des services ainsi que par l'application effective des droits de résidence et d'établissement ;
  - (ii) intégration de tous les secteurs, à savoir les secteurs économique, politique, social et culturel ; création d'un marché intérieur unique ainsi que d'une Union économique et monétaire panafricaine ;
  - (iii) parachèvement de la création d'un Fonds Monétaire Africain, création d'une Banque centrale africaine unique ainsi que d'une monnaie africaine unique ;
  - (iv) parachèvement de la mise en place de la structure du Parlement panafricain et élection au niveau continental de ses membres au suffrage universel.

Si les délais ci-avant indiqués étaient respectés, les objectifs du Traité d'Abuja devraient être atteints à l'horizon 2028.

Dans l'optique d'accélérer sa mise en œuvre, un ensemble d'actions baptisé Programme minimum d'intégration a été adopté. Aujourd'hui, le Traité d'Abuja demeure le socle de l'Agenda d'intégration africaine.

Il considère les CER comme des piliers dans le processus de l'intégration africaine.

Sur le plan empirique, en se référant aux différentes étapes définies par les experts ayant pensé ce traité, il leur est généralement reproché une démarche ayant tronqué une étape fondatrice de l'intégration économique. En effet, le cadre logique préconisé dans le Traité d'Abuja pour l'intégration du marché en Afrique n'a pas prévu, de manière explicite, la création d'une zone de libre-échange panafricaine. Il met plutôt l'accent au départ sur la libéralisation du commerce intra-africain, en termes de création de zones de libre-échange régionales par l'élimination des barrières tarifaires et non tarifaires aux échanges intracommunautaires et l'établissement des unions douanières par l'adoption des tarifs extérieurs communs. Le point de départ de l'intégration du marché, au niveau continental, devait être l'établissement de l'union douanière panafricaine, au niveau de la quatrième étape du processus.

Plus clairement, l'élimination des barrières de libre-échange entre les diverses CER, n'a pas été explicitement envisagée tant qu'elles n'avaient pas atteint le stade de l'union douanière.

L'on ne peut s'empêcher en outre de signaler que le Traité d'Abuja est signé alors que la crise économique qui frappe certains pays africains et qu'on attribue à la chute des prix des matières premières au niveau du marché international se prolonge en provoquant des replis autonomes. Les PAS auront continué par ailleurs d'occuper une bonne place dans les politiques économiques des pays du continent. Plus encore, la guerre du Golfe,[11] qui s'est déroulée entre août 1990 et février 1991, et les bouleversements qui ont affecté l'URSS avec la chute du mur de Berlin, le 9 novembre 1989, auront entraîné, sans coup férir, un manque d'intérêt et une marginalisation de l'Afrique de la part de la communauté internationale, au bénéfice des nouveaux pays du « Bloc de l'Est » et d'autres pays de l'Asie du Sud-Est.

Cette lacune sur le retard pris par les CER dans leurs processus d'intégration sera fort heureusement mise en relief lors de la 6e réunion des ministres africains du Commerce, qui a eu lieu du 29 octobre au 2 novembre 2010 à Kigali. Les ministres présents, après les experts, vont

---

[11] La guerre du Golfe a opposé l'Irak à une coalition de 35 pays, dirigée par les États-Unis à la suite de l'invasion du Koweït. Elle s'est soldée bien sûr par la victoire de la coalition.

constater que malgré quelques progrès accomplis ici et là, l'objectif du marché panafricain était loin d'être réalisé. Le niveau du commerce intra-africain était évalué à cette date entre 10 % et 12 %, soit le pourcentage le plus bas lorsqu'on considère les grandes régions du monde. En outre, la lenteur des progrès réalisés par les CER, pour devenir de véritables zones de libre-échange et, après, des unions douanières, dans le contexte du cadre de travail du Traité d'Abuja, a retardé l'avènement d'une union douanière panafricaine. En conséquence, l'Afrique est restée très dépendante des autres continents pour ses exportations et ses importations et, en conséquence, très vulnérable aux chocs commerciaux externes. D'autres évènements, parmi lesquels l'impasse des négociations des Accords de Partenariat Économique (APE) avec l'Union Européenne et de celles au sein de l'OMC, pompeusement baptisées « Programme de Doha pour le développement », ont, eux aussi, renforcé la nécessité d'intensifier l'intégration du marché africain.

En un mot, pour les ministres du Commerce, l'Afrique n'aura pas su tirer pleinement profit de son marché, qui s'agrandit au fil des temps au regard du taux de croissance de la population. Ces derniers ont, fort opportunément, noté que la création d'un vaste marché unifié en Afrique nécessitait l'adoption d'une nouvelle approche qui ne devait plus dépendre absolument des progrès réalisés dans chaque CER, prise individuellement, pour faire avancer le processus d'intégration du continent. C'est ainsi qu'ils ont recommandé aux Chefs d'État l'accélération de la création d'une zone de libre-échange panafricaine. Cette idée sera entérinée par le 16e Sommet des Chefs d'État de l'UA les 29 et 30 janvier 2011 à Addis-Abeba.

Forts de cet acquis, les ministres du Commerce africains reviendront à la charge. Ils se réuniront à nouveau à Accra, au Ghana, du 29 novembre au 3 décembre 2011, dans le cadre de leur 7e rencontre. Celle-ci conduira à l'élaboration d'un projet de décision visant la création de la zone de libre-échange panafricaine à l'horizon 2017. Cette décision sera adoptée par le 18e Sommet des Chefs d'État les 29 et 30 janvier 2012 à Addis-Abeba, qui s'est déroulé sur le thème évocateur : « Intensification du commerce intra-africain ».

Dans la foulée, les hauts dignitaires africains solliciteront l'achèvement des processus de zones de libre-échange régionales au plus tard en 2014 et la consolidation des processus régionaux entre 2015 et 2016.

Sur un autre plan, à la fin des années 1990, les pays membres de l'OUA ont remarqué que certains objectifs figurant dans sa Charte n'étaient plus pertinents, parce qu'obsolètes. On pourrait citer la décolonisation de l'Afrique et la fin de l'apartheid en Afrique du Sud qui étaient déjà réalisées. C'est ainsi que le 9 septembre 1999, a été adoptée la Déclaration de Syrte (Libye), qui prévoyait la création de l'UA. L'Acte constitutif de l'Union a, quant à lui, été adopté à Lomé le 11 juillet 2000 et est entré en vigueur le 26 mai 2001. Et, la 32e Conférence des Chefs d'État de l'OUA du 9 juillet 2002 de Durban, en Afrique du Sud, a proclamé la naissance officielle de l'UA, dont le troisième objectif est d'accélérer l'intégration politique et socio-économique du continent.

Aussi, l'année 2015 a-t-elle vu la création de la Zone de Libre-Échange Tripartite dans la mouvance de la mise en place de la ZLECAf. L'Acte juridique de la Zone de Libre-Échange Tripartite entre le Marché Commun de l'Afrique Orientale et Australe (COMESA), la Communauté de l'Afrique de l'Est (CAE) et la Communauté de Développement de l'Afrique Australe (SADC) a été signé le 10 juin 2015 à Charm El-Cheikh, en Égypte. La Zone de Libre-Échange Tripartite s'étend d'Alexandrie sur la Méditerranée au Cap sur les océans atlantique et indien. Elle est composée de 26 pays avec une population combinée, à la date de création, de plus de 625 millions d'habitants et un PIB de 1,3 milliard de dollars, représentant approximativement à cette date 57 % de la population totale africaine et 60 % du PIB global du continent[12].

Toujours en 2015, le 24e Sommet des Chefs d'État africains tenu les 30 et 31 janvier à Addis-Abeba a adopté l'Agenda 2063, qui est la Vision de développement du continent pour cet horizon-là.

Cette Vision est celle d'une « Afrique intégrée, prospère et pacifique, dirigée par ses propres citoyens, et représentant une force dynamique sur la scène internationale ». Elle est soutenue par les aspirations des peuples africains à la prospérité fondée sur une croissance inclusive et un développement durable, à l'intégration économique basée sur les idéaux du panafricanisme et de la renaissance de l'Afrique, à la bonne gouvernance, à l'état de droit, à la démocratie, au respect des droits de l'homme et à la justice, à la paix et à la sécurité,

---

[12] Ces informations sont tirées du Magazine du Sommet tripartite, volume1, juin 2015, PP.19 et 20, publié par le COMESA, la CEA et la SADC.

à l'affirmation d'une identité culturelle africaine, à l'autonomisation des femmes et des jeunes et, enfin, à la place que l'Afrique mérite dans le concert des nations.

En liaison avec ces plans et programmes, l'espoir est que la ZLECAf devienne une source d'opportunités pour les pays africains, leurs citoyens et leurs entreprises, mais aussi pour les investisseurs étrangers, les marchés financiers et les autres nations du monde.

IV. L'après 2015 : la mise en œuvre de l'agenda 2063

La Vision de développement de l'Afrique contenue dans l'Agenda 2063 et ses aspirations sont traduites en objectifs, domaines prioritaires, cibles et actions à mener à travers des plans décennaux, dont le premier couvre la période 2013-2023. La ZLECAf, un des projets prioritaires de ce premier plan, est désormais un acquis obtenu à mi-parcours de son exécution. En plus de la ZLECAf, ce premier plan décennal a prévu onze autres projets phares que voici :

- Le projet de réseau intégré de trains à grande vitesse ;
- Le projet de l'université virtuelle panafricaine ;
- La Stratégie africaine des matières premières ;
- Le Forum africain annuel ;
- Le projet d'espace aérien unique en Afrique ;
- Le projet de passeport africain et de libre circulation des personnes ;
- Le projet des institutions financières continentales ;
- Le projet du barrage du Grand Inga ;
- Le projet du réseau virtuel panafricain
- Le projet de faire taire les armes d'ici à 2020 ;
- Le projet relatif à l'espace.

Dans ce rappel historique que nous venons de faire depuis 1960, on aurait tort de ne pas mentionner la création d'un certain nombre d'institutions et d'initiatives qui aident aujourd'hui l'Afrique à réaliser ses objectifs d'intégration, à l'instar de la CEA établie en 1958, de la Banque Africaine de Développement (BAD), qui a vu le jour le 10 septembre 1964 ou du Nouveau Partenariat pour le Développement de l'Afrique (NEPAD), lancé en juillet 2001 dans l'objectif de promouvoir un cadre socio-économique intégré de développement de l'Afrique.

V. De l'OUA à l'UA : les secrétaires généraux et présidents de la Commission

Toutes les réalisations évoquées n'ont été possibles que grâce au travail de la technostructure de l'UA et, bien avant elle, l'OUA.

Voici reprise, dans le tableau qui suit, la liste des différentes personnalités ayant dirigé les deux organisations de 1963 à 2021, pour un total de 12 nationalités, les secrétaires généraux de l'OUA (1963-2002) et les présidents de la Commission de l'UA (depuis 2002). L'Ivoirien Amara Essy a été le dernier secrétaire général de l'OUA et le tout premier président de la CUA.

Tableau1 : Liste des secrétaires généraux/présidents de Commission de l'OUA et de l'UA

Noms et prénoms	Nationalité	Période
Kifle Wodjao	Éthiopie	1963-1964
Boubacar Diallo Telli	Guinée	1964-1972
Nzo Ekangaki	Cameroun	1972-1974
William Eteki Mboumoua	Cameroun	1974-1978
Edem Kodjo	Togo	1978-1983
Peter U. Onu	Nigéria	1983-1985
Ide Oumarou	Niger	1985-1989
Salim Ahmed Salim	Tanzanie	1989-2001
Amara Essy	Côte d'Ivoire	2001-2003
Alpha Oumar Konaré	Mali	2203-2008
Jean Ping	Gabon	2008-2012
Nkosazana Dlamini-Zuma	Afrique du Sud	2012-2017
Moussa Faki Mahamat	Tchad	2017-X

Source : *Commission de l'UA*

CHAPITRE 4

LES COMMUNAUTÉS ÉCONOMIQUES RÉGIONALES D'AFRIQUE : UNE MARCHE À PLUSIEURS VITESSES VERS L'INTÉGRATION

Depuis les indépendances, dans leurs efforts d'intégration, les pays africains se sont regroupés en organisations intergouvernementales ou CER. Chaque CER émane d'un processus politique parfois complexe. Le nombre de membres diffère d'une CER à l'autre. Elles sont dotées de mandats bien définis et de structures institutionnelles spécifiques. L'Accord portant création de la ZLECAf proclame fort à propos que ces regroupements en sont des piliers. Ces différentes initiatives ont abouti à ce jour à des zones de libre-échange, des unions douanières, des unions monétaires, des pools énergétiques ou à la signature d'accords dans des domaines tels que la sécurité commune ou l'exemption des visas de circulation des personnes. L'UA en a reconnu huit d'entre elles, parmi quatorze, dans le but de fournir au continent un cadre général pour la construction de son intégration économique. Ce sont aussi des piliers sur la base desquels se bâtit la Communauté Economique Africaine, que vise le Traité d'Abuja de 1991.

Certaines de ces CER ont été créées après la signature dudit traité, comme l'indique le tableau ci-après :

Tableau 2 : Les principales Communautés Économiques Régionales Africaines par ordre de création

CER (date de création)	**Pays membres**			
CEDEAO (Communauté Économique des États de l'Afrique de l'Ouest) (1975)	Bénin Burkina Faso Cap-Vert Côte d'Ivoire	Gambie Ghana Guinée Guinée Bissau	Liberia Mali Niger Nigéria	Sénégal Sierra Leone Togo
CEEAC (Communauté Économique des États de l'Afrique Centrale) (1983)	Angola Burundi Cameroun	Congo Gabon Guinée Équatoriale	RCA RDC Rwanda	Sao Tomé et Principe Tchad
UMA (Union du Maghreb Arabe 1989)	Algérie	Libye	Maroc	Mauritanie Tunisie
SADC (Communauté de Développement de l'Afrique Australe) (1992)	Afrique du Sud Angola Botswana Lesotho	Madagascar Malawi Maurice Mozambique	Namibie RDC Seychelles Swaziland	Tanzanie Zambie Zimbabwe
COMESA (Marché Commun de l'Afrique de l'Est et de l'Afrique Australe) (1994)	Burundi Comores Djibouti Égypte Érythrée	Eswatini Éthiopie Kenya Libye Madagascar	Malawi Maurice Ouganda RDC Rwanda	Seychelles Soudan Zambie Zimbabwe
IGAD (Autorité Intergouvernementale pour le Développement) (1996)	Djibouti Érythrée	Éthiopie Kenya	Ouganda Somalie	Soudan Soudan du Sud
CENSAD (Communauté des États Sahélo-Sahariens) (1998)	Bénin Burkina Faso Cap-Vert Comores Côte d'Ivoire Djibouti Égypte Érythrée	Gambie Ghana Guinée Bissau Kenya Libéria Libye Mali Maroc	Maurice Mauritanie Niger Nigéria RCA Sao Tomé et Principe Sénégal	Sierra Leone Somalie Soudan Tchad Togo Tunisie
CAE (Communauté de l'Afrique de l'Est) (2000)	Burundi	Kenya	Ouganda	Rwanda Tanzanie

Source : *UA, CEA, BAD, État de l'intégration régionale en Afrique VIII, 2017, P.18.*

Six autres organisations intergouvernementales existent. Il s'agit de la Communauté Économique et Monétaire de l'Afrique Centrale (CEMAC), la Communauté Économique des États des Grands Lacs (CEPGL), la Commission de l'Océan Indien (COI), l'Union du Fleuve Mano (UFM), l'Union Douanière de l'Afrique Australe (SACU) et l'Union Économique et Monétaire Ouest-Africaine (UEMOA).

Nous donnons ci-après une brève présentation des huit principales CER reconnues par l'UA.

I. La Communauté de l'Afrique de l'Est (CAE)

Tableau 3 : La carte d'identité de la CAE en 2018

Produit intérieur brut (PIB)	188 milliards de dollars
Population	135,4 millions
Superficie	1,8 Millions km^2
Commerce intrarégional	18,7 %
Nombre de pays	5
Nombre de devises	6
Date de création	1999
Siège de la CAE	Arusha (Tanzanie)

***Source** : CUA*

Le traité instituant la CAE a été signé au mois de novembre 1999 et est entré en vigueur le 07 juillet 2000. L'article 5 (1) du traité précise que les « objectifs de la Communauté sont d'élaborer des politiques et des programmes visant à élargir et à renforcer la coopération d'intérêt mutuel entre les États partenaires dans les domaines politique, économique, social et culturel ; la recherche et la technologie, la défense, la sécurité et les affaires juridiques et judiciaires ». Depuis lors, l'union douanière de la CAE, créée en mars 2005, a réalisé d'importants progrès. En 2010, la CAE a créé un marché commun et signé la création de l'union monétaire en 2013, qui devrait entrer en vigueur en 2023. La CAE prévoit également une Fédération politique comme objectif ultime. Elle se positionne comme un véritable modèle d'intégration économique en Afrique.

Tableau 4 : Classement des pays de la CAE suivant les principales dimensions de l'intégration économique

EAC						
Pays	Classement général	Intégration commerciale	Infrastructures régionales	Intégration productive	Libre circulation des personnes	Intégration financière et macroéconomique
Rwanda	1	4	1	4	1	1
Kenya	2	1	3	3	1	2
Ouganda	3	2	5	1	3	3
Burundi	4	5	2	5	3	4
Rép.-Unie de Tanzanie	5	3	4	2	5	5

***Source** : UA, CEA, BAD, op.cit., 2017, P. 21.*

Le classement ci-dessus montre que le Rwanda occupe la première place au classement général et dans trois dimensions sur cinq. Mais il doit faire des efforts pour ce qui est de l'intégration commerciale et l'intégration productive. Le Rwanda est suivi du Kenya et la Tanzanie ferme les rangs.

II. La Communauté Économique des États de L'Afrique de l'Ouest (CEDEAO)

Tableau 5 : La carte d'identité de la CEDEAO en 2019

Produit intérieur brut (PIB)	623 Milliards de dollars
Population	355 millions
Superficie	5 114 162 Km^2
Commerce intrarégional	13,8 %
Nombre de pays	15
Nombre de devises	8
Date de création	1975
Siège	Abidjan (Côte d'Ivoire)

Source *: CUA*

La Communauté Économique des États de l'Afrique de l'Ouest (CEDEAO) a été fondée le 28 mai 1975 par le traité de Lagos. Elle a atteint le stade de l'union douanière et constitue un modèle de la libre circulation des personnes. Au départ, le Bénin, le Burkina Faso, la Côte d'Ivoire, la Gambie, le Ghana, la Guinée, la Guinée Bissau, le Libéria, le Mali, la Mauritanie, le Niger, le Nigéria, le Sénégal, la Sierra Leone et Togo se sont réunis pour créer la CEDEAO. En 1976, le Cap-Vert, l'un des deux pays lusophones de la région, en rejoignant la CEDEAO, en est devenu le 16e membre. En décembre 2000, la Mauritanie s'en est retirée ramenant son effectif actuel à 15 membres.

À l'origine, entre 1975 et 1993, l'objectif consistait à créer un marché commun et une union économique et de promouvoir la coopération entre les États membres par l'élimination des différents obstacles à la libre circulation des personnes et des biens, les restrictions au commerce et l'harmonisation des politiques économiques et sectorielles. De 1994 à 2004, cet objectif a été élargi, incluant le maintien de la paix et la sécurité régionale avec l'adoption des instruments de paix et de sécurité, la promotion du progrès et du développement économiques, notamment par la mise en œuvre des programmes communs dans les domaines de l'agriculture et des ressources naturelles, de l'industrie, des transports et des communications, de l'énergie, du commerce, de la monnaie et des finances.

Depuis 2005, l'objectif de l'organisation vise à mener à bien d'importants programmes et projets sectoriels ainsi que la santé, la justice et la consolidation de la paix, la bonne gouvernance et la sécurité.

Tableau 6 : Classement des pays de la CEDEAO suivant les principales dimensions de l'intégration économique

CEDEAO						
Pays	Classement général	Intégration commerciale	Infrastructures régionales	Intégration productive	Libre circulation des personnes	Intégration financière et macroéconomique
Côte d'Ivoire	1	2	12	7	1	7
Togo	2	7	3	2	1	6
Sénégal	3	3	13	4	1	3
Niger	4	8	8	9	1	1
Ghana	5	4	2	3	1	12
Burkina Faso	6	9	6	14	1	2
Bénin	7	11	14	8	1	8
Mali	8	6	15	12	1	5
Nigéria	9	1	7	10	1	13
Guinée-Bissau	10	10	9	15	1	4
Gambie	11	14	4	1	1	10
Cabo Verde	12	12	1	13	1	9
Sierra Leone	13	5	11	6	1	14
Libéria	14	15	10	5	1	11
Guinée	15	13	5	11	1	15

Source : *UA, CEA, BAD, op.cit., 2017, P. 23.*

La Côte d'Ivoire est en tête du classement en Afrique de l'Ouest pour les principales dimensions de l'intégration. Le classement est dominé par les pays membres de l'UEMOA qui ont une monnaie commune. Les 15 pays membres de la CEDEAO appliquent les réglementations communautaires en matière de libre circulation avec la même bienveillance et rigueur. Les autres CER devraient prendre exemple sur la CEDEAO dans ce domaine.

III. La Communauté Économique des États de l'Afrique Centrale (CEEAC)

Tableau 7 : La carte d'identité de la CEEAC en 2018

Produit intérieur brut (PIB)	204 milliards de dollars
Population	175 millions
Superficie	6 640 600 millions km^2
Commerce intrarégional	5,4 %
Nombre de pays	6
Nombre de devises	11
Date de création	1983
Siège	Libreville (Gabon)

Source *: CUA*

La CEEAC a été créée en 1983. Six pays membres appartiennent également au moins à une autre CER reconnue par l'UA. En outre, six pays (Cameroun, Congo, Gabon, Guinée Équatoriale, RCA et Tchad) forment l'union douanière de la CEMAC.

La CEEAC est une zone de libre-échange qui présente encore beaucoup d'insuffisances en matière de libre circulation des marchandises. C'est la raison pour laquelle les Chefs d'État des pays membres ont initié des réformes qui ont abouti à l'adoption d'un nouveau traité, le 18 décembre 2019. Il est entré en vigueur le 28 août 2020. L'un des points saillants en est la transformation du Secrétariat général en Commission. Cette dernière est entrée en fonction le 31 août 2020.

À travers ce traité, la CEEAC vise la promotion de la coopération et le renforcement de l'intégration régionale en Afrique centrale dans tous les domaines.

Tableau 8 : Classement des pays de la CEEAC suivant les principales dimensions de l'intégration économique

CEEAC						
Pays	Classement général	Intégration commerciale	Infrastructures régionales	Intégration productive	Libre circulation des personnes	Intégration financière et macroéconomique
Cameroun	1	1	4	3	4	3
Gabon	2	3	3	4	7	1
Congo	3	8	2	5	3	5
République centrafricaine	4	6	5	9	2	4
Tchad	5	4	11	6	4	2
Rwanda	6	5	8	2	6	7
Guinée équatoriale	7	7	7	10	7	6
Angola	8	2	1	11	11	11
Burundi	9	10	10	1	9	9
Sao Tomé-et-Principe	10	11	9	7	1	10
RDC	11	9	6	8	9	8

Source : *UA, CEA, BAD, op.cit., 2017, P. 23*

Le Cameroun occupe la première place du classement général et en matière d'intégration commerciale. Les 6 pays de la CEMAC sont parmi les 7 premiers au classement général. Le souhait est que le processus de rationalisation engagé entre les deux CER de cette sous-région (CEMAC et CEEAC) puisse aboutir dans les meilleurs délais afin que les imperfections observées soient corrigées et pour que l'Afrique centrale tire le plus grand bénéfice des opportunités qu'offre la ZLECAf.

IV. La Communauté des États Sahélo-sahariens (CEN-SAD)

Tableau 9 : La carte d'identité de la CEN-SAD en 2018

Produit intérieur brut (PIB)	403 Milliards de dollars
Population	550 Millions
Superficie	13,8 Millions km^2
Commerce intrarégional	10,2 %
Nombre de pays	29
Nombre de devises	16
Date de création	1998
Siège	Tripoli (Libye)

Source : *CUA*

La CEN-SAD fait partie des CER créées après le Traité d'Abuja dans la perspective de la mise en œuvre des six étapes devant conduire à la création de la Communauté économique africaine. Cependant, force est de constater que cette CER, à travers les grandes missions qui lui sont assignées depuis sa création en février 1998, est devenue la plus grande en termes de pays membres, au nombre de vingt-neuf.

Ses principales missions se structurent autour du développement socio-économique de ses États membres. La CEN-SAD a bâti sa stratégie sur les domaines de l'agriculture, de l'industrie, de l'énergie, du commerce, de la finance, des infrastructures, du social, de la culture et de la santé. Elle a réalisé des avancées significatives qui sont le résultat de l'exécution de plusieurs projets et programmes pertinents.

Tableau 10 : Classement des pays de la CEN-SAD suivant les principales dimensions de l'intégration économique

CEN-SAD						
Pays	Classement général	Intégration commerciale	Infrastructures régionales	Intégration productive	Libre circulation des personnes	Intégration financière et macroéconomique
Côte d'Ivoire	1	1	12	14	1	8
Bénin	2	14	16	4	7	9
Togo	3	15	4	9	6	7
Sénégal	4	4	15	10	11	3
Niger	5	10	13	15	2	1
Mali	6	6	17	18	2	6
Burkina Faso	7	11	8	20	5	2
Tunisie	8	3	18	7	15	15
Ghana	9	12	3	8	13	20
Maroc	10	17	1	3	18	11
Gambie	11	19	6	5	7	16
Guinée-Bissau	12	26	9	25	9	5
Nigéria	13	8	11	22	10	23
Égypte	14	2	14	6	29	22
Kenya	15	21	19	1	17	21
République centrafri-caine	16	20	27		22	10
Djibouti	17	22	23	2	21	14
Guinée	18	18	7	19	2	27
Libye	19	13	2	21	27	18
Mauritanie	20	16	21	23	16	17
Tchad	21	24	29	17	19	4
Libéria	22	28	20	11	13	19
Comores	23	9	28		23	13
Sierra Leone	24	23	24	13	12	26
Cabo Verde	25	27	5		28	12
Érythrée	26	7	26	16	26	25
Soudan	27	5	10	24	25	28
Sao Tomé-et-Principe	28	29	25	12	24	24
Somalie		25	22	26	20	

***Source** : UA, CEA, BAD, op.cit., 2017, P. 22*

De manière générale, le classement au sein de la CEN-SAD est dominé par les pays de la CEDEAO, avec en tête la Côte d'Ivoire. Cependant, les performances observées en matière de libre circulation ne sont plus les mêmes ici. La raison en est que les niveaux d'intégration dans les deux CER ne sont pas identiques. Ce tableau met en exergue les incongruités de la multiple appartenance.

V. Le Marché Commun de l'Afrique de l'Est et de l'Afrique Australe (COMESA)

Tableau 11 : La carte d'identité du COMESA en 2018

Produit intérieur brut (PIB)	714,4 Milliards de dollars
Population	406 102 471
Superficie	12 873 957 Km^2
Commerce intrarégional	9,6 %
Nombre de pays	19
Nombre de devises	21
Date de création	1994
Siège	Lusaka (Zambie)

Source *: CUA*

Le COMESA est un modèle d'intégration diversifiée en tant que Zone de Libre-Echange. La décision de créer une communauté économique sous-régionale pour l'Afrique orientale et australe a été recommandée en mars 1978 lors d'une réunion des ministres du Commerce, des Finances et du Plan à Lusaka, tenue en Zambie. L'approche séquentielle adoptée envisageait la mise en place d'une zone de commerce préférentiel sous-régionale qui serait progressivement mise à jour sur une période de dix ans en vue d'un marché commun et d'une véritable communauté économique. À cet effet, la réunion a adopté la « Déclaration d'intention et d'engagement de Lusaka pour la création d'une Zone d'Echanges Préférentiels (ZEP) pour l'Afrique Orientale et Australe » et a également créé un groupe intergouvernemental de négociation.

Le 21 décembre 1981, Les Chefs d'État et de gouvernement d'Afrique orientale et australe ont signé le traité de la ZEP, qui est entré en vigueur le 30 septembre 1982, après avoir été ratifié par plus de sept États signataires, conformément à l'article 50 du traité.

Le 05 novembre 1993, le traité sur la transformation de la ZEP en une CER a été signé à Kampala (Ouganda) et, le 08 décembre 1994, il a été ratifié par douze des dix-neuf États membres, marquant ainsi la création effective du COMESA.

Conformément à ses textes fondateurs (traité et protocoles), les objectifs du COMESA visent à :

- Réaliser une croissance et un développement durables des États membres en favorisant un développement plus équilibré et harmonieux de leurs structures de production et de commercialisation ;
- Promouvoir le développement commun dans tous les domaines de l'activité économique et l'adoption conjointe des politiques et des programmes macroéconomiques visant à améliorer le niveau de vie de ses populations et à promouvoir des relations étroites entre ses États membres ;
- Coopérer à la création d'un environnement favorable aux investissements étrangers, nationaux et transfrontaliers, y compris à la promotion conjointe de la recherche et à l'adaptation de la science et de la technologie au développement ;
- Coopérer à la promotion de la paix, de la sécurité et de la stabilité entre les États membres afin de renforcer le développement économique de la région ;
- Coopérer au renforcement des relations entre le marché commun et le reste du monde et à l'adoption des positions communes au niveau international ;
- Contribuer à la définition, au progrès et à la réalisation des objectifs de la Communauté Économique Africaine.

Tableau 12 : Classement des pays du COMESA suivant les principales dimensions de l'intégration économique

COMESA						
Pays	Classement général	Intégration commerciale	Infrastructures regionales	Intégration productive	Libre circulation des personnes	Intégration financière et macroéconomique
Zambie	1	1	8	3	4	12
Ouganda	2	5	15	2	2	6
Kenya	3	4	13	6	4	10
Égypte	4	2	7	1	18	11
Seychelles	5	17	2	10	1	1
Maurice	6	11	14	12	3	4
Madagascar	7	12	4	4	10	8
Zimbabwe	8	7	10	15	6	9
Rwanda	9	9	16	9	8	5
RDC	10	3	9	14	14	13
Swaziland	11	15	1	7	7	19
Comores	12	14	6	17	10	2
Burundi	13	13	12	8	13	14
Malawi	14	10	11	11	9	17
Libye	15	6	3	19	19	7
Djibouti	16	19	17	5	12	3
Soudan	17	8	5	18	17	16
Érythrée	18	16	19	13	15	15
Ethiopie	19	18	18	16	16	18

Source : *UA, CEA, BAD, op.cit., 2017, P. 21.*

La Zambie occupe le premier rang au classement général et pour l'intégration commerciale, mais n'a pas un classement honorable pour ce qui est de l'intégration financière et macroéconomique. Tous les pays membres présentent chacun au moins une faiblesse notoire dans au moins une des dimensions de l'intégration. L'Ouganda par exemple, 2e au classement général, est 15e pour la dimension infrastructures régionales. Le Kenya, 3e dans l'ensemble, a aussi de sérieux problèmes pour la dimension infrastructures régionales. L'Éthiopie boucle ce classement. L'espoir est que la ZLECAf vienne trouver des solutions idoines aux difficultés qui se présentent.

VI. Autorité Intergouvernementale pour le Développement (IGAD)

Tableau 13 : La carte d'identité de l'IGAD en 2019

Produit intérieur brut (PIB)	319 Milliards de dollars
Population	271 428 810
Superficie	5 204 977 Km^2
Commerce intrarégional	9,7 %
Nombre de pays	8
Nombre de devises	8
Date de création	1996
Siège	Djibouti

Source : *CUA*

L'Autorité Intergouvernementale pour le Développement (IGAD) a remplacé l'Autorité Intergouvernementale pour la Sècheresse et le Développement (IGADD), créée en 1986 par les États membres de la Corne de l'Afrique frappés par la sècheresse. Bien que le mandat initial de l'IGADD consistait à coordonner les efforts des pays membres en matière de lutte contre la sècheresse et la désertification, il était devenu de plus en plus évident que l'Autorité permettait aux pays d'Afrique de l'Est d'aborder régulièrement d'autres questions politiques et socioéconomiques dans un contexte régional.

Les dirigeants fondateurs de l'IGAD ont donc été motivés par une vision où les populations de la région développent une identité régionale, vivent en paix et bénéficient d'un environnement sûr réduisant la pauvreté grâce à des programmes de développement durable appropriés, parce que plus vastes et efficaces.

L'IGAD a ainsi fait des avancées visibles en matière d'intégration sécuritaire et sociale.

Tableau 14 : Classement des pays de l'IGAD suivant les principales dimensions de l'intégration économique

IGAD						
Pays	Classement général	Intégration commerciale	Infrastructures régionales	Intégration productive	Libre circulation des personnes	Intégration financière et macroéconomique
Kenya	1	2	2	1	2	2
Uganda	2	1	8	2	1	3
Djibouti	3	5	1	3	5	1
Ethiopia	4	6	5	4	4	5
Eritrea	5	4	7	5	3	4
Sudan	6	3	6	6	8	7
South Sudan			3		7	6
Somalia		7	4	7	5	

Source : *UA, CEA, BAD, op.cit., 2017, P.24.*

Le classement au sein de l'IGAD est dominé par les deux pays membres qui appartiennent aussi à la CAE. Djibouti, qui occupe la 3e place au classement général sort tout de même du lot avec la 1re place en matière d'infrastructures régionales et d'intégration financière et macroéconomique.

VII. La Communauté de Développement de l'Afrique Australe (SADC)

Tableau 15 : La carte d'identité de la SADC en 2019

Produit intérieur brut (PIB)	319 Milliards de dollars
Population	352 Millions
Superficie	9,278 Millions km^2
Commerce intrarégional	16,9 %
Nombre de pays	15
Nombre de pays devises	15
Date de création	1992
Siège	Gaborone (Botswana)

Source : *CUA*

La Communauté de Développement de l'Afrique Australe (SADC) a été créée par Les Chefs d'État et Gouvernement de la région le 17 août 1992 après la signature, à Windhoek (Namibie), du traité. Le traité de la SADC a redéfini les bases de la coopération entre les États membres en transformant une association libre en un arrangement juridiquement contraignant.

La SADC, qui a succédé à la Conférence de coordination du développement de l'Afrique australe (SADC), fondée par les pays de la « Ligne de front », s'est assigné pour objectifs de : (1) promouvoir l'indépendance politique et économique, la paix et la sécurité durables et l'éradication de la pauvreté ; (2) établir des liens intrarégionaux afin de créer une intégration régionale véritable et équitable ; (3) mobiliser les ressources des États membres pour promouvoir la mise en œuvre des politiques nationales, interétatiques et régionales ; (4) œuvrer collectivement pour assurer une coopération internationale dans le cadre de la stratégie de libération économique.

La vision de la SADC est celle d'un avenir commun assurant le bien-être économique, l'amélioration du niveau et de la qualité de vie, la liberté et la justice sociale ainsi que la paix et la sécurité des populations de l'Afrique australe. Cette vision commune consiste à créer une région pouvant atteindre un degré élevé d'harmonisation et de rationalisation, permettant la mise en commun des ressources pour parvenir à une autosuffisance collective et améliorer ainsi le niveau de vie de ses habitants.

Sur la base de cette vision, la SADC, qui en est au stade de la zone de libre-échange, a réussi à relever le défi de l'interconnexion des infrastructures.

Tableau 16 : Classement des pays de la SADC suivant les principales dimensions de l'intégration économique

SADC						
Pays	Classement général	Intégration commerciale	Infrastructures régionales	Intégration productive	Libre circulation des personnes	Intégration financière et macro-économique
Afrique du Sud	1	1	4	2	6	1
Namibie	2	3	1	12	6	2
Botswana	3	4	2	14	8	3
Swaziland	4	5	5	5	1	8
Zambie	5	2	8	3	3	11
Zimbabwe	6	15	7	1	5	5
Seychelles	7	14	6	9	1	4
Mozam-bique	8	7	11	4	11	9
Lesotho	9	6	3	15	8	7
Maurice	10	8	14	11	4	6
Rép.-Unie de Tanzanie	11	13	15	6	12	13
Madagascar	12	9	13	8	13	10
Malawi	13	10	12	13	8	15
RDC	14	11	9	7	14	12
Angola	15	12	10	10	15	14

Source *: UA, CEA, BAD, op.cit., P. 21*

L'Afrique du Sud se positionne comme le leader naturel au sein de la SADC. Les trois premières places au classement (l'Afrique du Sud, la Namibie et le Botswana) sont occupées par trois membres de l'union douanière de la SACU, qui est partie intégrante de la SADC. La RDC et l'Angola, deux pays de la CEEAC, occupent les deux dernières places.

VIII. Union du Maghreb Arabe (UMA)

Tableau 17 : La carte d'identité de l'UMA en 2018

Produit intérieur brut (PIB)	375,6 Milliards de dollars
Population	102,6 Millions
Superficie	6 045 741 Km^2
Commerce intrarégional	4,7 %
Nombre de pays	5
Nombre de devises	5
Date de création	1989
Siège	Rabat (Maroc)

Source *: CUA*

L'Union du Maghreb Arabe (UMA) a été créée le 17 février 1989 à Marrakech.

La stratégie commune de développement du Maghreb arabe, approuvée par le Conseil de la présidence à sa troisième session (Ras Lanuf, 10-11 mars 1991), continue d'être la référence appropriée pour la réalisation de l'intégration économique du Maghreb.

Le but de cette stratégie est de réaliser les intérêts communs de toutes les parties et de fournir la capacité nécessaire pour servir les objectifs fédéraux et inciter les institutions nationales et bilatérales à donner à toutes leurs activités une dimension maghrébine.

L'article 2 du traité instituant l'Union du Maghreb Arabe (UMA) stipule que « la libre circulation des personnes et la circulation des services, des biens et des capitaux » seront progressivement mises en œuvre entre les États de l'Union.

Tableau 18 : Classement des pays de l'UMA suivant les principales dimensions de l'intégration économique

AMU						
Pays	Classement général	Intégration commerciale	Infrastructures régionales	Intégration productive	Libre circulation des personnes	Intégration financière et macro-économique
Maroc	1	2	2	2	4	1
Tunisie	2	1	5	1	3	2
Algérie	3	4	4	4	1	3
Libye	4	3	1	3	5	5
Mauritanie	5	5	3	5	2	4

Source *: UA, CEA, BAD, op.cit., P.24*

Dans cette CER, le tableau de comparaison ci-dessus nous montre que chaque pays membre essaye de s'affirmer au moins dans une des 5 dimensions de l'intégration économique. En effet, chacun des membres a au moins une dimension où il occupe au moins la 2e place.

Au total, si on veut être rigoureux, il existe actuellement en Afrique quatre zones de libre-échange parmi les huit CER reconnues par l'UA : le COMESA, la SADC, la CAE et la CEDEAO. La CAE et la CEDEAO sont en plus des unions douanières. Les quatre autres CER sont des zones de libre-échange non parachevées.

D'après des informations fournies par la CEA, dans la CAE, un membre obtient 86 % des importations des autres membres. Pour la CEDEAO, ce chiffre est de 64 %. Il est de 90 % pour la SADC et de 78 % pour le COMESA.

En dehors de ces CER, la CEMAC et la SACU constituent, en tant qu'unions douanières, les autres mécanismes importants de libéralisation du commerce intra-africain.

Pour ce qui est de la libre circulation des personnes, les pays africains ont encore beaucoup à faire. Le Protocole au Traité instituant la Communauté économique africaine, relatif à la libre circulation des personnes, au droit de résidence et au droit d'établissement, ouvert à la signature le 21 mars 2018 à Kigali au même moment que l'Accord portant création de la ZLECAf, charrie beaucoup d'espoirs. Il en est de même du passeport panafricain dont le lancement est survenu en juillet 2016 au Sommet des Chefs d'État à Addis-Abeba. Depuis lors, on sent une certaine volonté de certains pays d'aller de l'avant[13].

Quant à l'intégration financière, l'on remarque que l'Afrique reste caractérisée par la présence de nombreuses monnaies nationales qui ne sont pas convertibles entre elles, ce qui entrave le développement des échanges commerciaux.

---

[13] Le Rwanda est le premier pays sur le continent à supprimer les visas pour les ressortissants des autres pays, conformément à une directive inscrite dans l'Agenda de l'UA. La décision du Rwanda est entrée en vigueur le 1er janvier 2018.

IX. Des communautés économiques régionales insuffisamment intégrées financièrement

Tableau 19 : Les différentes monnaies africaines

Pays	Devise	Code ISO de la devise	Pays	Devise	Code ISO de la devise	Pays	Devise	Code ISO de la devise	Pays	Devise	Code ISO de la devise
Algérie	Dinar algérien	DZD	Guinée Equatoriale	Franc CFA (CEMAC)	XAF	Madagascar	Ariary	MGA	Sénégal	Franc CFA (UEMOA)	XOF
Angola	Kwanza	AOA	Erythrée	Nakfa	ERN	Malawi	Kwacha malawien	MWK	Seychelles	Roupie seychelloise	SCR
Benin	Franc CFA (UEMOA)	XOF	Ethiopie	Birr	ETB	Mali	Franc CFA (UEMOA)	XOF	Sierra Leone	Leone	SLL
Botswana	Pula	BWP	Gabon	Franc CFA (CEMAC)	XAF	Mauritanie	Ouguiya	MRO	Somalie	Shilling somalien	SOS
Burkina Faso	Franc CFA (UEMOA)	XOF	Gambie	Dalasi	GMD	Maurice	Roupie mauricien	MUR	Afrique du Sud	Rand	ZAR
Burundi	Franc burundais	BIF	Ghana	Cedi	GHS	Maroc	Dirham marocain	MAD	Soudan du Sud	Livre sud-soudanaise	SSP
Cameroun	Franc CFA (CEMAC)	XAF	Guinée	Franc guinéen	GNF	Mozambique	Metical	MZN	Soudan	Livre soudanaise	SDG
Cap-Vert	Escudo du Cap Vert	CVE	Guinée-Bissau	Franc CFA (UEMOA)	XOF	Namibie	Dollar namibien	NAD	Swaziland	Lilangeni	SZL
RCA	Franc CFA (CEMAC)	XAF	Côte d'Ivoire	Franc CFA (UEMOA)	XOF	Niger	Franc CFA (UEMOA)	XOF	Tanzanie	Shilling tanzanien	TZS
Tchad	Franc CFA (CEMAC)	XAF	Kenya	Shilling kenyan	KES	Nigeria	Naira	NGN	Togo	Franc CFA (UEMOA)	XOF
Comores	Franc comorien	KMF	Lesotho	Loti	LSL	République du Congo	Franc CFA (CEMAC)	XAF	Tunisie	Dinar tunisien	TND
République Démocratique du Congo	Franc congolais	CDF	Liberia	Dollar libérien	LRD	Rwanda	Franc rwandais	RWF	Ouganda	Shilling ougandais	UGX

Source *: FMI et auteur*

Dans le tableau qui précède, le continent compte quarante-trois monnaies différentes[14] non convertibles entre elles, bien que certains regroupements régionaux aient réalisé une intégration partielle de leurs systèmes de paiement, en l'occurrence la CAE et la SADC. La SADC s'est dotée d'un système intégré de paiement et le système de paiement du COMESA est animé par neuf de ses membres.

C'est le lieu de signaler qu'AFREXIM Bank (Banque Africaine d'Import-Export) a proposé une solution pour faciliter les paiements et les règlements dans le cadre de la ZLECAf. Nous y revenons dans le chapitre 6.

[14] Il s'agit du Franc CFA de l'Afrique centrale pour les six pays de la CEMAC, du franc CFA de l'Afrique de l'Ouest pour les huit pays de l'UEMOA (Union Économique et Monétaire Ouest-Africaine), et des monnaies individuelles des quarante et un autres pays africains.

Relativement à la dimension de l'intégration des infrastructures, il faut noter que celles-ci sont l'un des facteurs décisifs du développement durable et inclusif en Afrique. L'infrastructure est en effet nécessaire pour faciliter le commerce intra-africain, en particulier le développement des chaînes de valeurs régionales dans la mesure où les matières premières doivent circuler le long des corridors pour favoriser l'intégration productive.

Si l'on considère que l'intégration d'une région varie avec la facilité avec laquelle les personnes, les marchandises, les services et les capitaux peuvent circuler entre pays membres, il est tout aussi manifeste qu'une infrastructure de qualité est la condition d'une intégration régionale réussie. Une infrastructure de transport transfrontalier fiable réduit le temps nécessaire et le coût du transport des marchandises par-delà les frontières. De même, un bon système de communications facilite les échanges dans une région, sur l'ensemble du continent et au-delà. Une infrastructure énergétique dense et bien gérée est indispensable pour assurer le fonctionnement des équipements de transport et de communication.

L'infrastructure transfrontalière n'est pas le seul facteur qui facilite l'intégration régionale : des réseaux d'équipements internes permettent aussi aux entreprises et aux particuliers de pénétrer plus facilement sur le territoire d'autres pays de la région. Il est donc établi que la qualité des infrastructures d'un pays (liaisons internes et externes) reste une condition pour une meilleure intégration régionale.

En fin de compte, l'amélioration de l'équipement est essentielle pour que les pays africains profitent au mieux de la ZLECAf.

X. Les adhésions multiples aux CER ou le bol de spaghettis de l'Afrique

Graphique1 : les différentes CER en Afrique et leurs membres

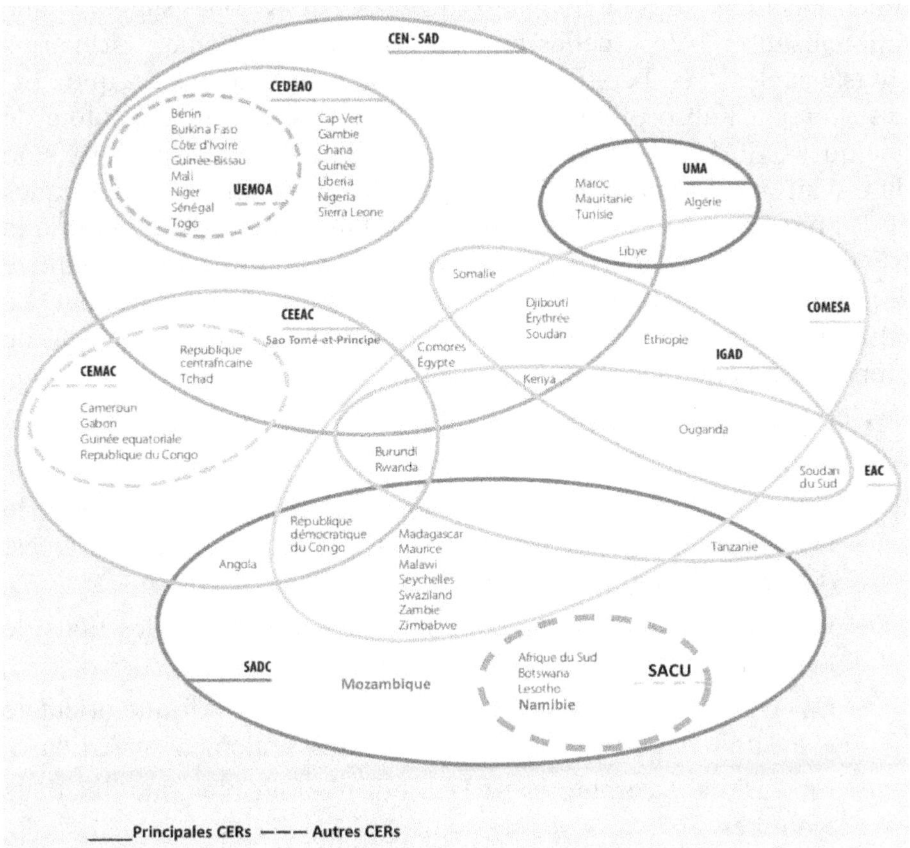

Source *: CUA et auteur*

Les CER en Afrique sont caractérisées par le fait que plusieurs pays appartiennent à plusieurs de ces regroupements à la fois. Pour les CER principales, le cas le plus emblématique est la CEDEAO, dont tous les pays membres sont aussi membres de la CEN-SAD. La multi-appartenance implique le chevauchement des processus d'intégration, ce qui rend plus difficile l'harmonisation de la politique nationale avec les différents cadres régionaux. En effet, les adhésions multiples ne permettent pas aux États membres de respecter facilement leurs engagements financiers vis-à-vis des CER auxquelles elles appartiennent, surtout qu'elles n'ont pas le même niveau de développement. Certains programmes sont incompatibles et il existe une duplication des efforts. Cela signifie également une insuffisance de l'appui des CER aux pays membres.

Ayant relevé plusieurs chevauchements et inefficacités dans le fonctionnement des CER, la CEA et l'UA ont suggéré une rationalisation de celles-ci en proposant cinq scénarios envisageables[15]: (i) la rationalisation par le maintien du statu quo ; (ii) la fusion par l'absorption de certaines CER ; (iii) l'ancrage autour de quelques CER bien établies ; (iv) la rationalisation axée sur la division du travail ; et (v) la rationalisation par l'harmonisation des politiques et des programmes. Faisant valoir un certain nombre de critères[16], la CEA et l'UA ont conclu sur la nécessité de faire correspondre le nombre actuel des CER aux cinq régions naturelles du continent. Le NEPAD avait formellement proposé la structuration ci-après, qui ne prend pas en compte les nouveaux pays :

- En Afrique du Nord : l'Union du Maghreb Arabe (UMA) avec cinq États ;
- En Afrique de l'Ouest : la Communauté Économique pour le Développement Économique de l'Afrique de l'Ouest (CEDEAO), autour de quinze États ;
- En Afrique centrale : la Communauté économique des États de l'Afrique centrale (CEEAC), devant desservir onze États ;
- En Afrique de l'Est : le Marché Commun de l'Afrique orientale et australe (COMESA), qui comprendrait seulement onze États ;
- En Afrique australe : la SADC, qui n'aurait plus que dix États membres.

Ainsi, on passerait de huit CER qui se chevauchent à cinq disjointes, telles que présentées dans le tableau ci-après :

---

[15] MINEPAT (Ministère camerounais en charge de l'Économie) et ACBF (Fondation pour le renforcement des capacités en Afrique), *Étude sur la consolidation et le positionnement du Cameroun comme pays de transit et plate-forme (Hub) des échanges intra-africains. Comment donner aux entreprises une identité régionale* ? Juin 2018, PP.80-82.

[16] La proximité géographique, l'interdépendance économique, la communauté linguistique et culturelle, des liens historiques *de coopération, le partage en commun des ressources.*

Tableau 20 : Le visage projeté des principales CER africaines après la rationalisation

CER	PAYS MEMBRES			
CEDEAO	Bénin Burkina Faso Cap-Vert Côte d'Ivoire	Gambie Ghana Guinée Guinée Bissau	Liberia Mali Niger Nigéria	Sénégal Sierra Leone Togo
CEEAC	Angola Burundi Cameroun Congo	Gabon Guinée Équatoriale RCA	RDC Rwanda	Sao Tomé et Principe Tchad
UMA	Algérie Libye	Maroc	Mauritanie	Tunisie
SADC	Afrique du Sud Botswana Lesotho	Malawi Mozambique Namibie	Swaziland Tanzanie	Zambie Zimbabwe
COMESA	Comores Djibouti Égypte	Érythrée Éthiopie Kenya	Madagascar Maurice Ouganda	Seychelles Soudan

Source *: CUA*

Les principaux changements proposés concernent le COMESA et la SADC dont la double appartenance de certains États a été supprimée. En effet, le souhait est d'avoir, dans chaque CER, au moins un pays « leader » susceptible d'impulser l'intégration économique régionale. Ainsi, on aurait le Nigéria et la Côte d'Ivoire pour la CEDEAO, le Cameroun et la RDC pour la CEEAC, l'Égypte et le Kenya pour la COMESA et l'Afrique du Sud pour la SADC.

Cette restructuration semble présenter plus de pertinence dans le développement du continent à l'ère de la ZLECAf.

CHAPITRE 5

LA MISE EN PLACE DE LA ZONE DE LIBRE-ÉCHANGE CONTINENTALE AFRICAINE OU LES PÉRIPÉTIES D'UNE NÉGOCIATION COMMERCIALE ENTRE CINQUANTE-CINQ PAYS

Les négociations de la ZLECAf se sont déroulées dans un environnement international marqué par une montée du protectionnisme et du régionalisme face à la perte de vitesse du multilatéralisme, principalement caractérisée par l'enlisement du cycle des négociations commerciales de l'OMC lancées à Doha, au Qatar, en 2001, et pompeusement baptisé Programme de Doha pour le développement (PDD). On se souvient que ces négociations avaient été lancées dans l'objectif d'une plus grande insertion des pays en développement au sein du système commercial multilatéral[17]. Le cycle des négociations de Doha s'est ainsi avéré le plus long et parmi les moins fructueux de l'histoire des négociations commerciales multilatérales, depuis l'avènement du GATT[18] en 1947.

L'environnement des négociations de la ZLECAf était le même que celui des difficiles discussions sur le BREXIT, qui ont ébranlé, pour ainsi dire, l'UE, longtemps apparue et considérée comme un modèle en matière d'intégration régionale.

Il convient de signaler aussi l'absence de progrès dans les négociations des Accords de Partenariat Économique (APE) entre le Groupe ACP (Groupe des États d'Afrique, des Caraïbes et du Pacifique) devenu, depuis le 5 avril 2020, l'Organisation des États d'Afrique, des Caraïbes et du Pacifique (OEACP), et l'UE. Les négociations des APE ont été lancées au cours des années 2002/2003 dans le cadre de l'application des Accords dits de Cotonou de l'an 2000.

---

[17] 44 pays africains sont membres à part entière de l'OMC en 2020.

[18] Le GATT est l'acronyme anglais de l'Accord général sur les tarifs douaniers et le commerce conclu en 1947 et qui a régi le commerce international des marchandises jusqu'à la naissance de l'OMC, le 1er janvier 1995.

I. Le cadre institutionnel des négociations de la ZLECAf

Graphique 2 : Le cadre institutionnel des négociations de la ZLECAf

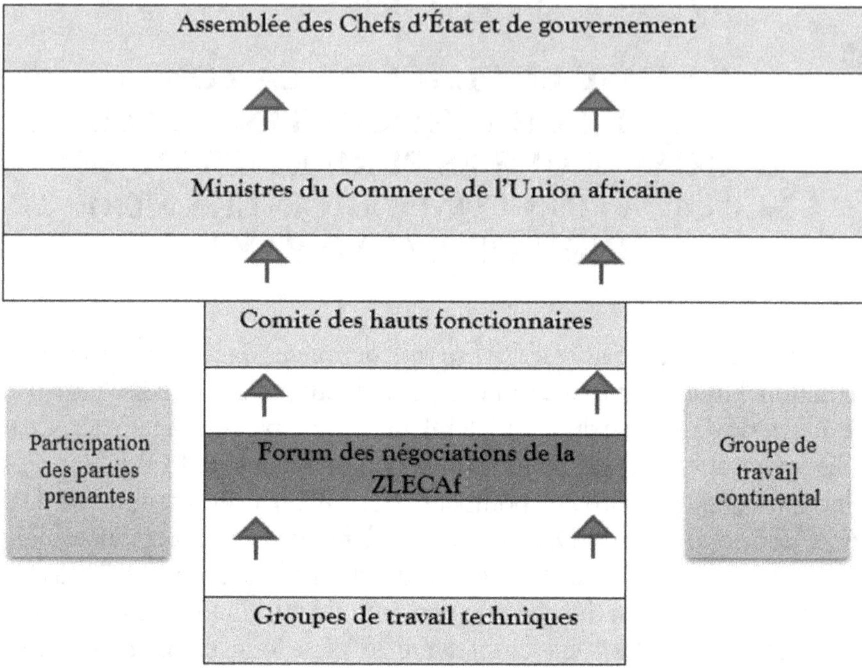

Source : *Unité de coordination des négociations de la CUA*

Conformément aux décisions du 24e Sommet de l'UA du mois de janvier 2015 à Addis-Abeba, les ministres du Commerce africains se sont réunis en session spéciale du 08 au 15 mai 2015 dans la même ville en vue de finaliser la préparation des négociations de la ZLECAf. Dans la même mouvance, les ministres ont adopté le cadre institutionnel des négociations ci-dessus, qui a placé les États membres au cœur de ce processus, les CER et les autres partenaires (BAD, CEA, CNUCED, OMC, etc.) devant jouer un rôle d'accompagnement technique. Au cours de cette réunion, des orientations ont en outre été formulées en ce qui concerne la portée des négociations, les principes directeurs et le champ d'application de l'Accord.

Le chemin aura ainsi été balisé pour le lancement officiel intervenu à Johannesburg, en Afrique du Sud, au mois de juin 2015 lors de la 25e Assemblée ordinaire des Chefs d'État africains.

II. Le déroulement des négociations et les principaux résultats

Le calendrier des principaux résultats obtenus dans les négociations jusqu'à la date de démarrage des échanges commerciaux se présente ainsi qui suit :

- **Juin 2015** : lancement officiel des négociations ;
- **Février 2016** : première réunion du Forum des négociations ;
- **Mai 2016** : adoption du règlement intérieur des instances de négociation ;
- **Janvier 2017 :** Mahamadou Issoufou, le Président du Niger, est désigné à Addis-Abeba par ses Pairs lors de la 28e Conférence des Chefs d'État africains, Champion de la ZLECAf, c'est-à-dire chargé de coordonner et de faire le suivi des négociations ;
- **Février 2017** : première réunion des sept groupes techniques de travail ;
- **Juin 2017 :** accord pour la libéralisation de 90 % de produits ;
- **Mars 2018 :** signature de l'Accord de Kigali (Accord-cadre et trois protocoles sur le commerce des marchandises, le commerce des services et le règlement des différends) ;
- **Juin 2018** : accord sur les cinq secteurs prioritaires à libéraliser dans le cadre du commerce des services (les services fournis aux entreprises, les services de communication, les services financiers, les services relatifs au tourisme et aux voyages, les services de transport) et adoption des huit annexes du protocole sur le commerce des marchandises ainsi que des trois annexes du protocole sur le règlement des différends ;
- **Décembre 2018** : adoption des éléments complémentaires des modalités de libéralisation du commerce des marchandises ; il s'agit en fait des caractéristiques du groupe des produits dits sensibles et de la liste d'exclusion ;
- **Juillet 2019** : adoption de quelques instruments devant accompagner la mise en œuvre de l'Accord et décision de démarrer les échanges commerciaux au 1er juillet 2020 ;
- **Février 2020** : décision de repousser le démarrage des échanges commerciaux au 1er janvier 2021 ;

- **Décembre 2020 :** adoption de 81 % des règles d'origine devant permettre de démarrer les échanges commerciaux le 1er janvier 2021 ;
- **1er janvier 2021 :** lancement des échanges commerciaux dans le cadre de la ZLECAf.

Dans les faits, les négociations de la ZLECAf ont démarré effectivement à Addis-Abeba au mois de février 2016 avec la tenue de la première session du Forum des plénipotentiaires des différents pays. Au cours de ces assises, les négociateurs en chef ont examiné les procédures devant gouverner les travaux des différentes instances de négociation et discuté des différents groupes techniques de travail à mettre en place pour s'occuper de certains aspects spécifiques de l'Accord. Ces groupes, au nombre de sept, ont porté sur les domaines variés, en l'occurrence les règles d'origine, les mesures sanitaires et phytosanitaires, les barrières non tarifaires/obstacles techniques au commerce, le commerce des services, les procédures douanières et la facilitation du commerce, les affaires juridiques et institutionnelles, les mesures correctives commerciales. Ils seront progressivement mis en place et tiendront leurs premières réunions à Kigali du 6 au 17 février 2017.

En juin 2017, les ministres du Commerce africains opérant dans le cadre des négociations de la ZLECAf, au cours de leur troisième conclave, adopteront les premiers résultats significatifs sous forme d'un consensus devant servir à la libéralisation rapide de 90 % de produits fabriqués sur le continent et augmenter à court ou à moyen terme le volume du commerce intra-africain, à condition que ces produits respectent les règles d'origine arrêtées. Ils ont décidé en outre que le reste des produits devait être partagé en deux catégories : celle des produits dits sensibles et celle des produits exclus de la libéralisation.

Les ministres du Commerce ont aussi adopté à cette occasion les premières modalités pour la libéralisation du commerce des services.

Cette réunion des ministres du Commerce et celles des experts qui l'ont précédée ont été des occasions d'observer aussi les premiers véritables couacs dans cette négociation. En effet, un groupe hybride, formé de non-PMA et de PMA, composé de sept pays[19] (connu sous

[19] Ce groupe était composé des pays suivants : Djibouti, Éthiopie, Madagascar, Malawi, Soudan, Zambie et Zimbabwe.

l'appellation du G7) a été créé et s'est désolidarisé de ces avancées sur le commerce des marchandises en choisissant d'être moins ambitieux. Ces pays, en évoquant le principe du traitement spécial et différencié des membres, ont affiché leur option pour un niveau d'ambition moindre (85 % des produits) pour le groupe principal à libéraliser. Les négociateurs traineront comme un boulet cette difficulté pendant de longs mois. Après une série de réunions informelles bilatérales avec ce groupe, notamment à Addis-Abeba, New York et Arusha[20], le consensus sera enfin trouvé et entériné par la Conférence des Chefs d'État de février 2020. De fait, les pays concernés ont accepté de mettre de côté leurs intérêts particuliers et de rejoindre les autres États membres sur les modalités de libéralisation des tarifs déjà convenues.

L'autre grande difficulté est venue des négociations sur le commerce des services. Les négociateurs ont eu de la peine sur plusieurs réunions à s'entendre sur le nombre de secteurs prioritaires à libéraliser, sur un total de douze que représente cet ensemble, tel que défini par l'OMC[21]. Certains pays militaient pour le lancement de la libéralisation dans ce domaine avec cinq secteurs prioritaires, d'autres optaient pour un nombre de neuf et bien d'autres pour l'ensemble des secteurs.

L'Accord de Kigali sera signé sans que les négociateurs se soient accordés sur cette question et c'est au mois de juin 2018 que le consensus sera enfin trouvé pour un départ avec cinq secteurs en se focalisant sur les priorités du Traité d'Abuja et au regard du volume de travail à entreprendre, précisément sur l'harmonisation des politiques sectorielles.

Dans l'entre-temps, le Président du Niger sera désigné par ses Pairs à Addis-Abeba le 31 janvier 2017, lors de la 28e Conférence des Chefs d'État africains, Champion de la ZLECAf, c'est-à-dire chargé de coordonner et de faire le suivi des négociations. Ses premier et deuxième rapports d'étapes seront présentés aux deux Sommets

---

[20] Le Champion de la ZLECAf a profité chaque fois des opportunités offertes par d'autres réunions internationales pour chercher à trouver une solution viable à cette importante question.

[21]Les douze secteurs sont : (1) services fournis aux entreprises ; (2) services de communication, (3) services de construction et services d'ingénierie ; (4) services de distribution ; (5) services d'éducation ; (6) services concernant l'environnement ; (7) services financiers ; (8) services de santé ; (9) services relatifs au tourisme et aux voyages ; (10) services récréatifs, culturels et sportifs ; (11) services de transport ; (12) autres services.

suivants à Addis-Abeba, respectivement les 3 juillet 2017 et 29 janvier 2018. Le troisième rapport sera présenté à Kigali pendant le Sommet extraordinaire dédié à la signature de l'Accord. Depuis la création de ce poste de Champion, à chaque Sommet de l'UA, un rapport circonstancié sur les résultats des négociations est présenté.

Au total, il aura fallu, entre février 2016 et mars 2018, dix rounds de négociations, cinq réunions de hauts fonctionnaires en charge du Commerce, cinq rencontres des ministres du Commerce et dix sessions du Groupe de travail continental, comprenant les CER, la CUA, la BAD, la CNUCED et la CEA, pour conclure cet accord historique dont on parlera encore et encore pour les années à venir.

Plus tard, le 7 juillet 2019 à Niamey, le 10e Sommet extraordinaire de l'UA consacré au lancement officiel de la phase opérationnelle de la ZLECAf adoptera six importants instruments qui accompagneront la mise en œuvre de la ZLECAf.

Une décision est aussi prise pour que la date du 7 juillet de chaque année soit désormais célébrée comme « *Journée de l'Intégration de l'Afrique* » afin de commémorer la mise en œuvre de l'Accord de libre-échange de la ZLECAf.

Revenant sur les négociations sur le commerce des services, il convient de dire que l'on a observé au fil des réunions beaucoup de réticences de la part de certains négociateurs, qui avaient de la peine à faire des concessions allant dans le sens d'une forte libéralisation de ce domaine, à l'instar de ce qui a été réalisé pour le commerce des marchandises. Le risque ici est grand de voir le commerce des services ne pas apporter son impact réel sur la libéralisation du commerce des marchandises, affectant ainsi négativement les résultats attendus de cet Accord sur les économies africaines. Le retard pris dans les négociations du commerce des services, qui fait partie de la première phase des négociations, se justifie amplement par ce contexte.

D'un autre côté, les négociations sur les règles d'origine ont elles aussi piétiné du fait du caractère sensible et stratégique de cette question. Il n'y a pas d'accord commercial préférentiel sans règles d'origine. Les Chefs d'État se sont ainsi résolus à faire démarrer les échanges commerciaux avec seulement une partie des règles convenues. Dans les détails, parmi les produits qui ont posé des problèmes, l'on peut citer le poisson, le cuir, le textile, les automobiles, les produits laitiers, le sucre, les jus de fruits, etc.

À ces produits, il faut ajouter les négociations sur le traitement des produits issus des zones économiques spéciales (ZES) et ceux fabriqués dans les navires et les navires-usines.

Le moment semble venu de signaler d'autres problèmes rencontrés dans le déroulement des négociations de cet accord.

III. Les travaux dans les groupes techniques de travail

Les groupes techniques de travail étaient chargés de proposer aux négociateurs en chef des orientations techniques sur certains aspects des négociations. Force est de constater que beaucoup de participants à ces travaux n'avaient pas toujours toute l'expertise nécessaire ou toutes les capacités requises pour ce travail, malgré les sessions de mise à niveau organisées par la CUA à l'attention des experts des différents pays. Cet état de choses a eu pour conséquence de faire trainer les négociations en longueur. Plusieurs fois, le Forum des négociations a dû renvoyer leurs copies aux comités techniques pour approfondissement des analyses.

De même, beaucoup de participants à ce niveau n'avaient pas compris leur rôle, qui ne consistait pas principalement à défendre bec et ongles des positions nationales ou régionales, mais à alimenter les discussions en se basant sur ces positions afin qu'un consensus motivé puisse être trouvé.

Au final, tout de même, les carences relevées n'auront pas compromis de manière rédhibitoire les objectifs, même si, à plusieurs reprises, les dates arrêtées ont dû être repoussées.

IV. Les travaux du forum des négociations

L'un des principes de la négociation de la ZLECAf est qu'elle était portée par les pays membres de l'UA, qui ont désigné chacun un négociateur en chef et un suppléant. L'ensemble des négociateurs formait le Forum des négociations, auquel prenaient également part les représentants des CER et des autres partenaires techniques (CEA, BAD, CNUCED, etc.) et la CUA jouait le rôle de secrétariat. La mise en place de la ZLECAf a donc été conçue comme une négociation entre cinquante-cinq États membres de l'UA. Il faut avouer que c'est la négociation la plus difficile à laquelle nous avons eu l'occasion de participer, si on enlève, bien sûr, les joutes oratoires au niveau de l'OMC, cette instance multilatérale qui regroupe aujourd'hui cent soixante-deux membres et de nombreux observateurs.

La négociation nous a donné l'occasion de découvrir au moins trois catégories de négociateurs. Nous ne citerons pas évidemment des noms de pays pour éviter de dévoiler des secrets de la négociation.

Ce qu'on peut en dire est que d'un côté, il y avait des « sages silencieux ». Ils sont ceux-là qui ne prennent jamais la parole. Ils suivent simplement, avec un intérêt évident, les interventions des autres participants. Est-ce par défaut d'expertise, par devoir de réserve, par simple principe ou tout cela à la fois ? La question reste posée.

D'un autre côté, il y a les « leaders », ceux qui portent les avis ou les positions de négociation. Ils maitrisent manifestement leurs dossiers. Ils sont expérimentés, certainement pour avoir eu l'occasion de participer à des négociations antérieures sur les APE avec l'UE, au niveau de l'OMC ou encore au sein des CER. Ces derniers prennent rapidement position, guident et orientent les débats et les autres réagissent à leurs propositions, qui sont parfois l'émanation des positions nationales ou régionales recueillies au cours des consultations organisées avant les sessions de négociations.

Entre les deux groupes, il y a les autres. Ils interviennent moyennement sur des sujets qui les intéressent ou sur ceux sur lesquels ils croient avoir des avis à donner. Ils appuient des propositions formulées par certains, par pertinence ou par affinité bilatérale ou régionale.

C'est un truisme de dire qu'au sein de cette négociation, tout le monde n'a pas le même niveau de capacités. Parfois, les CER, la CEA, la CNUCED, la BAD, l'OMC et bien d'autres organisations accompagnent les négociateurs et sont invités à donner des avis techniques pouvant amener à la prise des décisions.

Les négociations ont parfois été houleuses sur certaines questions d'intérêt, mais aussi sur d'autres qui ne présentaient aucune importance avérée. Des fois, on a eu l'impression que les négociateurs que nous étions n'arrivaient pas à suivre la musique jouée par les Chefs d'État ou alors, à tout le moins, ne dansaient pas au même rythme qu'eux.

Quelques exemples suffisent à le démontrer.

Au cours de la réunion du Forum qui a eu lieu à Abuja au début du mois de novembre 2017, les participants ont pris environ trois heures pour adopter l'ordre du jour des débats.

Au mois de mars 2018, à Addis-Abeba, au cours de la première réunion des experts juridiques, nous avons dénombré pas moins de cinquante-deux interventions pour qu'on arrive à décider si oui ou non on devait maintenir des notes de bas de page dans l'Accord, une chose pourtant courante pour les habitués des négociations commerciales.

Bien plus, les négociateurs sont arrivés à un niveau d'ambition (taux de libéralisation) sur le commerce des marchandises de 90 % des lignes tarifaires au mois de mars 2017 et il a fallu attendre plus d'un an pour qu'on arrive à des propositions concrètes sur les 10 % des lignes restantes, en les répartissant en listes des produits dits sensibles et ceux exclus de la libéralisation. C'est au mois de juin 2018 que trois propositions concrètes ont émergé (3 % et 7 %, 5 % et 5 %, 1 % et 9 %). Bon nombre de participants continuaient de solliciter des consultations nationales pour se déterminer alors même que les Chefs d'État attendaient des résultats complets (les listes des concessions tarifaires) au mois de janvier 2019, pour adoption. Un consensus sur la répartition à opérer sera trouvé plus tard, au mois de décembre 2018, amenant ainsi une modification du calendrier des travaux adopté en mars 2018 par les Chefs d'État à Kigali.

En réalité, l'impression était nette que certains négociateurs ne voulaient pas se mouiller. Ils ne voulaient pas s'avancer, au risque de se faire taper sur les doigts au retour dans leurs capitales. Au cas où survenait une petite évolution qui pouvait faire changer une position initiale, on demandait des consultations nationales supplémentaires sans se soucier des impératifs liés à la contrainte de temps.

Heureusement, les ministres du Commerce ont souvent pris leurs responsabilités pour faire avancer les discussions qui trainaient en longueur.

Il en a été de même pour ce qui est du commerce des services. Il faut rappeler que les premières orientations concrètes dans ce domaine sont intervenues au mois de juin 2017 lors de la troisième réunion des ministres du Commerce et il a fallu attendre le mois de juin 2018 pour qu'on obtienne enfin les cinq premiers secteurs sur lesquels allait démarrer la libéralisation.

V. La réunion des hauts fonctionnaires en charge du commerce ou le forum des négociations bis

Cette instance des négociations a été créée avec l'objectif d'entreprendre de jouer un rôle politique dans les négociations, notamment en accompagnant de manière efficace les ministres du Commerce dans la prise de décisions et en faisant des propositions concrètes aux Chefs d'État. Mais, on a constaté qu'elle s'est muée en un deuxième Forum de négociations où les États membres venaient à nouveau défendre les points de vue qui n'avaient pas prospéré depuis les groupes de travail techniques. Cela s'explique par le fait que la plupart des participants au sein de cette instance étaient des négociateurs en chef. On a même vu certains représentants de pays qui réussissaient l'exploit d'occuper successivement les places d'expert technique dans un ou plusieurs groupes de travail, de négociateur en chef au sein du Forum des négociations, de hauts fonctionnaires et, plus tard, de ministres du Commerce. Il va sans dire qu'il n'est pas aisé de cumuler toutes ces fonctions lors d'une négociation, et cela a parfois impacté négativement les résultats et le respect des programmes de travail.

VI. Les insuffisances observées pour la session spéciale de nettoyage juridique des textes

Les sessions de nettoyage juridique des textes après négociations ont souvent donné lieu à des discussions surréalistes. Le problème de départ est que la CUA a demandé que les participants à ces réunions spécifiques soient des fonctionnaires des ministères en charge de la Justice des États membres. Le résultat en a été qu'on s'est retrouvé pour beaucoup de cas avec des juristes (juges, avocats, présidents de tribunaux, etc.) spécialisés en tout sauf en droit commercial international, comme on le retrouve dans les textes juridiques de l'OMC, résultats des négociations commerciales multilatérales du cycle d'Uruguay (1986 -1994) et qui ont été adoptés à Marrakech (au Maroc) en 1994. En conséquence, l'on a parfois vécu des propositions incohérentes de modification des règles pertinentes contenues dans ces accords qui gouvernent aujourd'hui les échanges commerciaux internationaux. Cette situation a quelques fois plombé les discussions au niveau de cette réunion, dont l'objectif ultime était de vérifier la conformité des textes dûment négociés et non de rouvrir à nouveau la négociation. À titre d'illustration, lors de la deuxième session de nettoyage juridique de huit annexes du protocole sur le commerce des marchandises qui s'est déroulée à Addis-Abeba du 30 avril au 12 mai 2018, après trois jours de travail, les participants en étaient encore au neuvième paragraphe du premier document sur un texte qui en comptait quarante-trois. Évidemment, le programme de travail n'a pas été respecté et les discussions ont dû se poursuivre plus tard à Dakar et à Arusha.

Certains observateurs se sont d'ailleurs posé, avec raison, la question de la pertinence de l'existence de cette instance dans le processus d'adoption des textes, ce d'autant plus que les projets « nettoyés » repassaient plus tard entre les mains des membres du Comité technique spécialisé sur la justice et les affaires juridiques, segments des experts et des ministres.

Cependant, au-delà de tout, nous nous devons de reconnaître que le groupe de négociateurs a été un véritable vivier des fonctionnaires de haut rang issus des pays membres. On pourrait penser que ces négociations ont eu un impact positif sur la carrière de certains hauts fonctionnaires. Quelques nominations pourraient accréditer cette thèse, certains se sont vu assigner des responsabilités de membres de gouvernement[22] ou d'ambassadeurs de leurs pays pendant les négociations. Ainsi, le tout premier Secrétaire de la ZLECAf est l'ancien négociateur de l'Afrique du Sud.

[22] Par exemple, les négociateurs en chef du Tchad, du Sénégal et de l'Égypte sont devenus ministres dans leurs pays respectifs pendant les négociations.

CHAPITRE 6

COMPRENDRE LA ZONE DE LIBRE-ÉCHANGE CONTINENTALE AFRICAINE EN VINGT QUESTIONS ET RÉPONSES

Ce dernier chapitre offre la possibilité de mieux comprendre l'intérêt, les contours, le contenu ainsi que les modalités de mise en place de la ZLECAf. Nous nous sommes mis à la place du lecteur pour essayer d'imaginer quelles pourraient être ses principales préoccupations relatives à cet instrument d'intégration commerciale et nous en avons identifié vingt qui méritent ici des éclairages spécifiques appropriés.

I. Quel est le champ d'application de l'accord ?

L'Accord portant création de la ZLECAf est très ambitieux si on s'en tient au champ d'application qui devra couvrir, à terme, à la fois des domaines comme le commerce des marchandises, le commerce des services, les investissements, la politique de concurrence, la propriété intellectuelle et le commerce électronique. Le commerce électronique n'était pas concerné dans le projet originel. Compte tenu ces dernières années de l'expansion et de la croissance de ce type de commerce dans le monde et en Afrique, ainsi que de l'impact observé sur les autres activités durant la pandémie de la COVID-19, les pays africains ont décidé de l'inclure dans les négociations. Ainsi, initialement classé dans la troisième phase, le commerce électronique a été finalement reversé dans la deuxième phase de celles-ci, à côté de la politique de concurrence, des investissements et des droits de propriété intellectuelle.

De fait, la ZLECAf sera plus qu'un accord traditionnel de libre-échange, qui n'exige généralement que l'élimination des tarifs et des quotas sur le commerce des marchandises. La trajectoire empirique de l'intégration économique veut en effet que les normes et les réglementations concernant les services soient harmonisées lors de la création du marché commun, qui est une étape survenant après celles de la zone de libre-échange et de l'union douanière, et bien avant l'ultime étape que constitue l'union économique et monétaire. On peut effectivement interpréter l'inclusion du secteur des services dans l'Accord par les Chefs d'État comme une indication forte du rôle important que ces derniers veulent lui faire jouer dans la fabrication et les échanges des marchandises ainsi que dans le développement des chaînes de valeurs nationales, régionales et continentales. On entrevoit donc, in fine, à côté de l'objectif de l'augmentation du volume des échanges commerciaux intra-africains, la ferme ambition affichée d'insérer définitivement le continent au sein du système commercial international.

II. Comment est structuré l'accord ?

L'Accord portant création de la ZLECAf est structuré autour des éléments ci-après :

- L'Accord-cadre ;
- Les Protocoles ;
- Les Annexes ;
- Les Appendices.

L'option choisie par les négociateurs a été de détailler au maximum les résultats des négociations dans l'optique de faciliter plus tard la mise en œuvre de l'Accord. C'est ainsi que le protocole sur le commerce des marchandises est composé, à lui tout seul, de neuf annexes :

- Annexe1 : La liste des concessions tarifaires ;
- Annexe 2 : Les règles d'origine ;
- Annexe3 : La coopération douanière et l'assistance administrative ;
- Annexe 4 : La facilitation des échanges ;
- Annexe 5 : Les barrières non tarifaires ;
- Annexe 6 : Les obstacles techniques au commerce ;
- Annexe 7 : Les mesures sanitaires et phytosanitaires ;
- Annexe 8 : Le transit ;
- Annexe 9 : Les mesures correctives commerciales.

Le protocole sur le règlement des différends comprend trois annexes sur :

- L'organisation des délibérations ;
- L'examen par les experts ;

- Le code de conduite des arbitres et des membres du Groupe spécial.

Nous résumons dans le tableau qui suit les principales caractéristiques de l'Accord.

Tableau 21 : Les principales caractéristiques de l'Accord portant création de la ZLECAf

Accord portant création de la Zone de libre-échange continentale africaine	Protocole relatif au commerce des biens	Élimination des taxes et des restrictions quantitatives frappant les importations
		Obligation de traiter les importations non moins favorablement que les produits nationaux
		Élimination des obstacles non tarifaires
		Règles d'origine
		Coopération entre les administrations douanières
		Facilitation du commerce et du transit
		Recours commerciaux, protection des industries émergentes et exceptions générales
		Coopération sur les normes et la réglementation concernant les produits
		Assistance technique, renforcement des capacités et coopération
	Protocole relatif au commerce des services	Transparence de la réglementation régissant les services
		Reconnaissance mutuelle des normes, des licences et des certifications des prestataires de services
		Libéralisation progressive des secteurs des services
		Obligation d'assurer aux prestataires de services étrangers un traitement qui ne soit pas moins favorable que celui accordé aux prestataires nationaux dans les secteurs libéralisés
		Exceptions générales et exceptions relatives à la sécurité
	Protocole relatif au règlement des différends	Règles et procédures régissant le règlement des différends dans la Zone de libre-échange continentale africaine
	Négociations de la deuxième phase	Droits de la propriété intellectuelle • Investissement • Politiques de concurrence
		Commerce électronique

Source *: CAPC/CEA et auteur*

III. Quels sont les principes qui gouvernent la mise en œuvre de la ZLECAf ?

La ZLECAf est régie par les douze principes suivants :

- **Les actions sont conduites par les États membres de l'UA** : il s'agit à la fois des actions de négociation et de mise en œuvre de l'Accord ;
- **Les zones de libre-échange des CER sont des piliers de la ZLECAf** : celle-ci devra en tirer parti et renforcer les progrès réalisés dans le cadre des programmes de libéralisation des

échanges commerciaux et d'intégration des huit CER que sont I'UMA, la CEN-SAD, la CEEAC, la CEDEAO, I'lGAD, le COMESA, la SADC et la CAE ;

- **La Préservation des acquis** : la ZLECAf devra tirer parti et renforcer les acquis des zones de libre-échange des CER existantes et ne devra pas les saper ou être en contradiction avec les acquis, y compris, mais non exclusivement, l'Acte constitutif, le Traité d'Abuja ainsi que d'autres politiques et décisions pertinentes de l'Union ;
- La **géométrie variable** : elle permet aux États parties de suivre des rythmes éventuellement différents de mise en œuvre de l'Accord dans divers domaines de celui-ci. La géométrie variable facilite l'évolution de la coopération entre les parties prenantes et permet d'éviter des blocages ;
- **La flexibilité et le traitement spécial et différencié** : la flexibilité est accordée aux États membres qui ont des besoins spécifiques en matière de commerce ou qui font face à des circonstances particulières au cours des négociations ou de la mise en œuvre de l'Accord. Le traitement spécial et différencié s'applique aux flexibilités durant les périodes de transition pour la libéralisation, les exemptions ainsi qu'à d'autres mesures qui s'inscrivent dans le cadre des négociations ou de la mise en œuvre de la ZLECAf et qui sont applicables aux pays suivant leurs différents niveaux de développement socioéconomique ;
- **La transparence et la communication des informations** : les négociations et la mise en œuvre de l'Accord sont menées de manière transparente, à travers le partage d'informations sur les tarifs douaniers, les statistiques commerciales, les instruments de politique commerciale, les mesures et réglementations portant sur les échanges commerciaux et l'investissement dans les pays, etc. Les États membres ne sont pas tenus de divulguer des informations confidentielles dans la mesure où de telles informations n'ont pas encore été publiées ou mises à la disposition des tiers ou du domaine public ;
- **La libéralisation élargie** : la libéralisation élargie signifie que la ZLECAf devrait couvrir la grande partie de l'ensemble des échanges commerciaux entre les États membres de I'UA. On dira que le niveau d'ambition doit être très élevé ;

- **Le traitement de la Nation la Plus Favorisée (NPF)** : Après l'entrée en vigueur de l'Accord portant création de la ZLECAf, les États parties peuvent signer des accords avec d'autres pays partenaires. Cependant, tout avantage, concession ou privilège accordés à une partie tierce en vertu des tels accords doit être étendu aux autres États membres, sur la base de la réciprocité. De même, deux ou plusieurs États parties peuvent s'accorder des préférences supplémentaires, à condition que de telles préférences soient étendues aux autres États parties, sur la base de la réciprocité ;
- **Le traitement national** : un État membre doit accorder aux produits, aux services et aux prestataires de services d'un autre État membre un traitement non moins favorable que celui accordé à des produits, services et prestataires de services similaires d'origine nationale ;
- **La réciprocité** : les États membres de la ZLECAf doivent mutuellement s'accorder les concessions commerciales convenues ;
- **Les décisions sont prises par consensus** : toute question soumise pour examen à une réunion des représentants des pays membres est considérée comme étant prise par consensus si aucun État membre présent à cette réunion ne s'y est formellement opposé. En termes plus clairs, le consensus signifie qu'aucun membre n'a été contre la décision prise ;
- **L'adoption des meilleures pratiques** : les négociations et la mise en œuvre de l'Accord sont guidées par les meilleures pratiques en cours dans les CER, les États membres de l'UA ou contenues dans les conventions internationales auxquelles ces derniers ont adhéré.

IV. Comment se fait le démantèlement tarifaire pour le commerce des marchandises ?

L'élaboration des modalités de libéralisation du commerce des marchandises a conduit à l'adoption d'un schéma de démantèlement tarifaire autour de trois catégories de produits :

- **Le groupe principal de produits (90 % de lignes tarifaires)** : ceux qui subiront une libéralisation rapide, à démanteler en cinq ans, pour les non-PMA (Pays Moins Avancés), et dix ans, pour les PMA ;

- **La liste des produits dits sensibles (7 % de lignes tarifaires)** : ceux qui subiront une libéralisation lente, à démanteler en dix ans, pour les non-PMA, et en treize ans pour les PMA, avec possibilité d'un moratoire de cinq ans dans le cadre des modalités convenues ;
- **La liste d'exclusion**, qui est composée des produits qui ne subiront pas de démantèlement tarifaire (3 % de lignes tarifaires). Cette liste est susceptible de révision tous les cinq ans. Les produits exclus de la libéralisation doivent en outre concentrer le moins de volume de commerce possible avec les autres pays africains[23].

Les unions douanières qui ont en leur sein des PMA et des non-PMA appliquent ces modalités en préservant le tarif extérieur commun. Dans la pratique, chaque union douanière est appelée à se positionner soit comme une PMA ou alors une non-PMA.

Au demeurant, les modalités arrêtées viennent confirmer le niveau d'ambition très élevé affiché pour la ZLECAf.

V. Sur quelles bases se fera la libéralisation du commerce des services ?

Dans le domaine du commerce des services, les négociations ont abouti à l'adoption d'une approche de libéralisation mixte, qui consiste en l'élaboration par les parties à l'Accord des offres d'accès au marché (approche de l'OMC), qui sont complétées par des cadres de coopération règlementaire pour chaque secteur de services. Ces cadres s'efforcent en fait d'harmoniser les politiques nationales disparates des différents pays.

Pour rappel, les secteurs prioritaires identifiés sont les services fournis aux entreprises, les services de communication, les services financiers, les services relatifs au tourisme et aux voyages, les services de transport. Les autres sept secteurs[24] seront libéralisés plus tard.

---

[23] En jargon technique, c'est la clause anti-concentration. Celle-ci stipule que les produits exclus de la libéralisation doivent concentrer moins de 10 % de la valeur moyenne des importations africaines, c'est-à-dire en provenance des autres pays du continent pour les périodes 2014-2016 ou 2015-2017. Sur cette base par exemple, les pays de CEMAC ont pu exclure du démantèlement tarifaire uniquement 175 lignes tarifaires sur un total de 5838 lignes.

[24] Il s'agit des secteurs suivants : (1) services de construction et services d'ingénierie connexes ; (2) services de distribution ; (3) services d'éducation ; (4)

VI. Quel est le rôle précis des CER dans la mise en œuvre de la ZLECAf ?

L'avènement de la ZLECAf ne proclame pas la fin des CER, car ces dernières poursuivront leurs programmes dans les États membres. Dans la négociation de l'Accord au niveau continental, les CER sont des observateurs. Elles donnent des avis à titre consultatif sur certaines questions et renseignent sur l'état des lieux dans certains domaines d'intégration régionale. Dans les régions, elles essayent de faire émerger des positions régionales de négociations qui pourront être défendues plus tard.

Les CER, pierres angulaires de la ZLECAf, sont par ailleurs d'importants partenaires de mise en œuvre de l'Accord pour laquelle elles assurent globalement le suivi au niveau régional. Elles sont représentées, à titre consultatif, au sein du Comité des hauts fonctionnaires chargés du Commerce de la ZLECAf. Elles coordonnent, en particulier, dans leurs régions respectives, la mise en œuvre des mesures visant à identifier et à éliminer les barrières non tarifaires ainsi qu'à harmoniser les normes.

À long terme, au fur et à mesure que le niveau d'intégration continentale s'approfondira, il est prévu que les fonctions des CER qui sont liées au commerce puissent être consolidées au niveau continental, conformément à la décision de la 18e session ordinaire de la Conférence des Chefs d'État de l'UA de janvier 2012 relative à la consolidation des accords de libre-échange régionaux en une zone de libre-échange continentale.

VII. Comment s'applique l'accord en cas de conflit avec les accords régionaux ?

En cas de conflit et incompatibilité entre les dispositions de l'accord et tout accord régional, l'Accord sur la ZLECAf prévaut sauf dispositions contraires spécifiques. Les entreprises sont donc libres d'utiliser dans leurs activités de commerce intrarégional les règles convenues au niveau continental en cas d'incompatibilité entre les deux niveaux d'accord.

---

services concernant l'environnement ; (5) services de santé ; (6) services récréatifs, culturels et sportifs ; (7) autres services.

Les États parties qui sont membres des CER qui ont atteint entre eux un niveau d'intégration régionale plus élevé que dans le cadre de la ZLECAf maintiendront ces niveaux plus élevés entre eux. Par exemple, les CER qui ont atteint un niveau de libéralisation de 100 % pour le commerce des marchandises vont continuer de l'appliquer alors que le marché panafricain a été libéralisé à 97 %.

Les CER qui ont atteint un niveau d'intégration nécessaire pour former des unions douanières présentent des offres d'accès communes au marché unifié pour le commerce des marchandises et le commerce des services.

VIII. Que deviennent les accords préférentiels signés avec les tiers avant la ZLECAf ?

L'Accord-cadre est clair sur cette question. La ZLECAf n'annule, ne modifie, ni n'abroge les termes des accords que les pays africains ont conclus avec les pays extérieurs au continent avant l'entrée en vigueur de l'Accord. Ces accords vont donc continuer à s'appliquer sur la base des engagements convenus. La possibilité est cependant accordée aux autres États parties de négocier les préférences sur la base de la réciprocité et en tenant compte des niveaux de développement.

IX. Un État partie peut-il se retirer de la ZLECAf ?

Comme dans tout accord de libre-échange, il est prévu le retrait d'un État partie. L'article 27 annonce qu'après un délai de cinq ans à compter de la date d'entrée en vigueur à son égard, un État partie peut se retirer de l'Accord en adressant une simple notification aux autres États par le biais du président de la CUA. Toutefois, le retrait ne sera effectif que deux ans à compter de la date de réception de la notification par le dépositaire ou à une date ultérieure qui peut être stipulée dans la notification. En termes plus clairs, le retrait d'un État de l'Accord ne peut être effectif qu'au moins deux ans après avoir présenté l'intention de se retirer.

X. Quelle est la structure institutionnelle de mise en œuvre de la ZLECAf ?

Le cadre institutionnel de mise en œuvre de la ZLECAf est structuré de la manière suivante :

Organes principaux de la mise en œuvre

- La Conférence des Chefs d'État ;
- Le Conseil des ministres ;
- Le Comité des hauts fonctionnaires du Commerce ;
- Le Secrétariat.

Autres organes :

- Le Comité du commerce des marchandises ;
- Le Comité du commerce des services ;
- Le Sous-comité de la facilitation des échanges, de la coopération douanière et du transit ;
- Le Sous-comité des règles d'origine ;
- Le Sous-comité des barrières non tarifaires ;
- Le Sous-comité des obstacles techniques au commerce ;
- Le Sous-comité des mesures sanitaires et phytosanitaires ;
- Le Sous-comité des mesures correctives commerciales.

La coordination de la mise en œuvre de l'Accord portant création de la ZLECAf sera assurée par le Secrétariat de la Zone basé à Accra, au Ghana. Ce dernier travaille en étroite collaboration avec la CUA et ses services.

La structure de mise en œuvre comprend des organes principaux et des organes techniques. Ces derniers sont établis sous forme de comités et de sous-comités spécialisés formés de représentants des États parties. Les organes techniques seront complétés avec les résultats de la deuxième phase.

Au niveau des pays, les Chefs d'État ont recommandé la création des comités nationaux qui seront principalement chargés de mettre en œuvre les stratégies nationales élaborées[25] afin de tirer, au mieux, parti de la vaste gamme de possibilités qu'offre la ZLECAf. Il va sans dire que les pays ont désigné des points focaux pour s'occuper de la gestion

---

[25] Le Cameroun, la Côte d'Ivoire, la Guinée, la Mauritanie, le Niger, le Sénégal, la Sierra Leone, la Gambie, le Togo, la Zambie, le Zimbabwe sont les pays qui, au 31 décembre 2020, avaient déjà élaboré des stratégies nationales de mise en œuvre de la ZLECAf. Le travail se poursuit dans certains autres pays (Algérie, Tchad, Burkina Faso, etc.).

des aspects singuliers de l'Accord (OTC, SPS, suivi des BNT, et.), en collaboration avec le Secrétariat.

XI. De quelle onction bénéficie la ZLECAf de la part des partenaires au développement ?

L'Afrique bénéficie de beaucoup d'assistance extérieure de la part des partenaires au développement pour la mise en place de la ZLECAf. C'est là une preuve que l'idée de développer le commerce intra-africain rassemble, au-delà du continent. Parmi les partenaires au développement qui sont intervenus dans ce processus, on peut citer :

- La CEA ;
- La CNUCED ;
- La BAD ;
- Le Centre du Commerce International (CCI) ;
- L'Initiative Afro Champions ;
- La Banque Africaine d'Exportation et d'Importation (AFREXIMBANK)
- *L'Africa eTrade Group* avec sa plateforme de commerce électronique, *Sokokuu Africa* ;
- L'UE ;
- Le gouvernement allemand par le biais de l'Agence allemande de coopération technique (GIZ) et de l'Institut physico-technique fédéral allemand (PTB) ;
- Le gouvernement danois ;
- Le gouvernement canadien ;
- Le gouvernement des États-Unis ;
- Le gouvernement australien ;
- Le gouvernement britannique par l'intermédiaire du Département du Développement International (DFID) et de l'Institut de Développement d'Outremer (ODI) ;
- Le gouvernement français par le biais d'Expertise France ;
- Le Secrétariat du Commonwealth ;

- Le Secrétariat de l'Organisation Internationale de la Francophonie (OIF) ;
- Le Programme des Nations Unies pour le Développement (PNUD) ;
- Le Groupe de la Banque mondiale ;
- La Coopération Islamique pour le Financement du Commerce international.

XII. La ZLECAf est-elle un projet isolé ?

La ZLECAf ne saurait être considérée comme un programme isolé. Tant s'en faut ! Elle forme, avec les autres plans et programmes initiés par l'UA, un tout dans la perspective de renforcer l'intégration régionale et atteindre les objectifs de l'Agenda 2063. Pour rappel, l'on peut citer, sans être exhaustif :

- Le Programme Détaillé de Développement de l'Agriculture Africaine (PDDAA), initié en 2002 ;
- Le Plan d'Action pour le Développement Industriel Accéléré de l'Afrique (AIDA), adopté en 2008 ;
- La Vision Minière Africaine (VMA), établie en 2009 ;
- Le Programme de Développement des Infrastructures en Afrique (PIDA), lancé en 2010[26] ;
- Le Plan d'Action pour l'Intensification du Commerce Intra-africain, connu sous l'acronyme anglais BIAT (Boost intra african trade), initiative jumelle de la ZLECAf, adoptée au mois de janvier 2012 à Addis-Abeba. Le BIAT a été élaboré sur la base des sept piliers ci-après, qui sont en réalité des domaines dans lesquels les

[26] Le Programme de développement des infrastructures en Afrique de l'UA envisage un vaste effort qui consiste en la réalisation de 51 ouvrages, dont 16 prioritaires en vue d'améliorer l'équipement en Afrique. Ces 16 projets sont : (1) le projet hydraulique Ruzizi II ; (2) l'expansion portuaire de Dar-es-Salam, (3) la route Serenge-Nakonde ; (4) le gazoduc Nigeria-Algérie ; (5) la modernisation de la ligne ferroviaire Dakar-Bamako ; (6) le projet hydraulique de Sambagalou ; (7) le corridor côtier Abidjan-Lagos ; (8) le câble à fibre optique terrestre TIC Lusaka-Lilongwe ; (9) le projet de transmission Lusaka-Tanzanie-Kenya ; (10) le corridor de transmission nord-africain ; (11) le lien routier ferroviaire Abidjan-Ouagadougou ; (12) le lien routier ferroviaire Douala-Bangui-Ndjamena ; (13) l'amélioration de la route Kampala-Jinja en Ouganda.

investissements sont nécessaires : (1) la politique commerciale ;(2) la facilitation des échanges ; (3) la capacité de production ; (4) les infrastructures liées au commerce ; (5) le financement du commerce ; (6) l'information commerciale et ; (7) l'intégration des marchés des facteurs de production.

Ces différents programmes méritent d'être revitalisés pour qu'ils puissent jouer pleinement leurs rôles et accompagner au mieux l'opérationnalisation de la ZLECAf.

XIII. Quels sont les principaux instruments qui accompagneront la mise en œuvre de la ZLECAf au niveau continental ?

Pour une mise en œuvre réussie de la ZLECAf, un certain nombre d'instruments ont été conçus et élaborés. On peut citer par exemple :

- L'Observatoire du commerce de l'UA, qui assurera un suivi et une évaluation efficaces des activités de la ZLECAf et fournira aux opérateurs économiques l'information commerciale nécessaire pour leurs opérations d'exportation ou d'importation ;
- Le Portail de négociation en ligne de la ZLECAf, qui sert de plateforme pour les négociations, notamment pour ce qui est des offres d'accès au marché concernant à la fois le commerce des marchandises et le commerce des services ;
- Le Système panafricain de paiements et de règlements dans le cadre de la ZLECAf, dont l'objectif est de faciliter les transactions financières dans un environnement marqué par une multitude de monnaies nationales non convertibles directement entre elles ;
- Le Mécanisme continental en ligne de suivi, de notification et d'élimination des barrières non tarifaires : c'est un mécanisme porteur de forts espoirs, compte tenu de l'impact négatif de ces obstacles sur le développement du commerce intra-africain ;
- L'Application de la ZLECAf basée sur le Web et mobile pour les entreprises, qui sera utilisée par la communauté africaine des affaires et le grand public comme un guichet unique pour l'accès à l'information. Il servira, à cet égard, de manuel électronique de la ZLECAf pour les entreprises. Mieux, il sera accessible à un public

plus large, ce qui n'aurait pas été le cas s'il s'agissait d'un simple livret ;

- La Facilitation d'ajustement de la ZLECAf : système mis en place avec le concours d'AFREXIMBANK, devant aider les États membres à faire face aux défis de l'ajustement des économies face à la nouvelle donne que représente la ZLECAf[27]. Le fonds créé aura un guichet public pour les administrations et un guichet privé pour les entreprises des différents pays ;
- L'Africain Business Council (Conseil Africain des Affaires) : il regroupe les hommes et femmes d'affaires du continent et est chargé d'articuler les points de vue du secteur privé, relativement à la mise en place de la ZLECAf.

Ces outils montrent, s'il en était besoin, que l'accompagnement de ZLECAf a été pensé. Davantage, l'Afrique s'arrime progressivement aux technologies modernes aux niveaux politique et opérationnel de l'intégration continentale. Cela renforcera, sans aucun doute, l'efficacité dans la promotion de l'intégration continentale et la compétitivité du secteur privé africain. Ces innovations faciliteront également les interactions en temps réel entre les décideurs, les opérateurs du secteur privé et d'autres parties prenantes.

XIV. La ZLECAf peut-elle être un instrument pour la création d'emplois et d'une croissance durable ?

On s'attend à ce que les exportations industrielles de l'Afrique bénéficient de manière optimale de la ZLECAf, ce qui est une bonne chose dans la perspective de diversification du commerce du continent. Cela aboutira en outre à la réduction progressive de la place prépondérante qu'occupent les ressources extractives comme le pétrole et les minerais, qui représentent depuis de longues dates la majeure partie des exportations africaines. La ZLECAf est donc susceptible de créer une base d'exportations plus équilibrée et durable. En effet, le grand risque associé à des produits comme le pétrole et les minerais est la volatilité de leurs prix. La situation budgétaire et économique d'un très grand nombre de pays africains dépend justement des aléas des cours de ces produits. L'utilisation à bon escient de cette zone de libre-

[27] D'après AFREXIMBANK, pour un besoin global de financement de l'ordre de 7,7 milliards de dollars, au début de l'année 2021, les ressources disponibles étaient de 1 milliard de dollars.

échange panafricaine aura à coup sûr une influence sur la part des exportations des ressources extractives dans les exportations totales et permettra d'assurer des échanges commerciaux plus durables, inclusifs et moins tributaires des fluctuations des cours des produits de base.

Avec des tarifs moyens de 6,1 % sur le continent, les entreprises sont actuellement confrontées à des droits de douane élevés lorsqu'elles exportent en Afrique. La ZLECAf éliminera progressivement ces droits sur le commerce intra-africain, ce qui permettra aux entreprises africaines de négocier plus facilement sur le continent, de répondre aux demandes du marché africain en pleine croissance et de profiter des avantages offerts par ce dernier.

Bien plus, l'intégration du continent en une zone d'échanges commerciaux unique offre de grandes possibilités aux entreprises commerciales et aux consommateurs de toute l'Afrique et permet d'assurer un développement durable au sein du continent.

D'un autre côté, la ZLECAf génèrera des emplois pour la jeunesse africaine en pleine expansion. En effet, les exportations des ressources extractives sur lesquelles repose une grande partie du commerce africain exigent une main-d'œuvre moins abondante, à la différence des produits manufacturés et agricoles dont les exportations seront développées dans le cadre de la ZLECAf. En favorisant l'avènement d'un commerce à plus forte intensité de main-d'œuvre, la ZLECAf créera plus d'emplois.

XV. La ZLECAf profitera-t-elle aux petites et moyennes entreprises du continent ?

On le sait, les petites et moyennes entreprises jouent un rôle clé dans la croissance économique en Afrique. Elles représentent environ 80 % des entreprises du continent. De façon générale, elles ont du mal à pénétrer les marchés étrangers plus avancés, mais sont bien placées pour tirer parti des destinations d'exportation de proximité ou régionales et peuvent utiliser les marchés régionaux comme tremplins pour se lancer ensuite à la conquête des marchés étrangers.

La ZLECAf pourra également s'avérer bénéfique pour les petites et moyennes entreprises en leur permettant d'alimenter en intrants les grandes entreprises régionales exportatrices. Par exemple, avant d'exporter des voitures vers l'étranger, les grands constructeurs automobiles en Afrique du Sud s'approvisionnent en intrants dans le cadre du régime commercial préférentiel de l'Union douanière de l'Afrique australe, et achètent notamment le cuir pour fabriquer les sièges au Botswana et les textiles au Lesotho. Si les parts de marché des constructeurs sud-africains venaient à augmenter avec la ZLECAf, cela va se répercuter directement sur les chiffres d'affaires des PME fournisseurs.

En définitive, afin de maximiser les retombées de la ZLECAf dans les économies africaines, il est prévu l'élaboration d'un régime commercial simplifié pour les PME commerciales transfrontalières. Ce travail se fera en collaboration étroite avec les CER.

XVI. Que peuvent en attendre les femmes africaines de la ZLECAf ?

Les femmes africaines pourront profiter d'une amélioration en ce qui concerne les difficultés qu'elles rencontrent dans le commerce informel transfrontalier. En Afrique, si on veut de manière spécifique changer la condition économique des femmes, il est indiqué d'améliorer les activités du commerce transfrontalier qui est au cœur des préoccupations de la ZLECAf.

Selon les estimations faites par la CEA, les femmes constituent environ 70 % des personnes qui pratiquent le commerce informel transfrontalier en Afrique[28]. Ce taux peut aller jusqu'à 80 % dans certaines CER comme la CEEAC. Dans l'exercice de cette activité, les femmes sont particulièrement exposées au harcèlement, à la violence, à la confiscation de leurs marchandises et même à l'emprisonnement. Grâce à la réduction des droits de douane et d'autres obstacles qui résulteront de la mise en place de la ZLECAf, les commerçantes informelles seront mieux à même d'exercer leurs activités par les voies officielles, lesquelles offrent plus de protection. Par ailleurs, le développement du commerce transfrontalier sera au cœur du mécanisme d'identification, de suivi et d'élimination des barrières non tarifaires de la ZLECAf. Le système pourra être davantage amélioré par la mise en place de régimes commerciaux simplifiés destinés aux petits commerçants, à l'instar de ce qui se fait au sein du COMESA avec une

[28] CEEAC-BAD, étude sur les entraves au commerce transfrontalier des femmes en Afrique centrale, octobre 2018, P.35.

procédure de dédouanement simplifiée. Il est avéré que cette procédure simplifiée et la réduction des droits de douane aideront les petits commerçants, parmi lesquels les femmes.

XVII. Tous les pays africains vont-ils bénéficier des retombées de la ZLECAf ?

Les pays africains ont des configurations économiques différentes et les effets de la ZLECAf se feront donc sentir de diverses manières[29] selon qu'il s'agira de l'Afrique du Sud, de la République Centrafricaine, du Sénégal, du Maroc ou de Sao Tomé et Principe. Néanmoins, les avantages de la ZLECAf devraient être largement répandus à tous les pays.

Alors que les pays africains relativement plus industrialisés sont bien placés pour tirer parti des opportunités qu'offrent les biens manufacturés, les pays moins industrialisés pourraient en tirer des avantages en s'intégrant dans les chaînes de valeur régionales. Ces dernières concernent les grandes entreprises qui s'approvisionnent auprès de petites industries à travers les frontières. La ZLECAf facilitera la création de chaînes de valeur régionales en réduisant les frais commerciaux et en promouvant l'investissement.

Les pays agricoles pourront profiter de la ZLECAf en répondant aux besoins croissants de l'Afrique en termes de sécurité alimentaire. De fait, les denrées alimentaires périssables bénéficieront par exemple en particulier des améliorations de délais de dédouanement et de la logistique de la ZLECAf.

La majorité des pays africains sont classés dans la catégorie des pays riches en ressources naturelles. Les droits de douane sur les matières premières étant déjà faibles, l'impact de la ZLECAf pour développer ces exportations sera minime. Cependant, en baissant les droits de douane intra-africains sur les produits intermédiaires et les produits finis, elle créera des opportunités supplémentaires de valeur ajoutée pour les ressources naturelles et de diversification dans de nouveaux secteurs d'activités.

---

[29] Par exemple, d'après l'ONU, au mois de janvier 2021, le monde comptait 46 PMA, dont 33 en Afrique.

Les pays enclavés sont confrontés à des coûts de transport plus élevés et à des délais de transit imprévisibles. La ZLECAf offre des avantages particuliers à ces pays : outre une réduction des droits de douane, elle prévoit des dispositions sur la facilitation des échanges, le transit et la coopération douanière. Il sera néanmoins essentiel que la ZLECAf soit soutenue par des mesures et des politiques d'accompagnement nationales et régionales.

Il faut préciser que les projets et programmes spécifiques initiés par l'UA avant le lancement de la ZLECAf bénéficieront à tous les pays pour les aider à s'arrimer à la nouvelle donne, le Plan d'action pour l'intensification du commerce intra-africain (BIAT) étant l'un des plus pertinents, parce que conçu dans le sillage de la ZLECAf. Les PMA pourront ainsi bénéficier de la mise en œuvre du Plan d'action pour le développement industriel accéléré de l'Afrique (AIDA). La Vision minière africaine se positionne également comme complément de la ZLECAf, dans la mesure où elle pourra aider les économies axées sur les ressources minières à diversifier stratégiquement leurs exportations vers d'autres marchés africains.

Le même raisonnement peut être fait en ce qui concerne les instruments élaborés pour accompagner la mise en œuvre de l'Accord. Aucun pays ne devrait donc être laissé sur le bord de la route.

XVIII. Comment rendre efficace la stratégie nationale de mise en œuvre de la ZLECAf ?

Pour tirer pleinement parti des possibilités offertes par la ZLECAf, il est recommandé à chaque État partie d'élaborer une stratégie nationale de mise en œuvre, complémentaire à la politique commerciale plus large, qui identifie pour ce pays les principales possibilités commerciales, les contraintes et les mesures requises pour tirer pleinement parti du marché panafricain. Pour plus d'efficacité, les principales caractéristiques devraient inclure :

- **Un examen des exportations**, sous forme d'une revue de la performance commerciale intra-africaine et mondiale dans le contexte de tout cadre de politique commerciale existant ;
- **La définition des secteurs d'opportunités** : c'est l'identification du potentiel d'exportation au sein de la ZLECAf sur la base d'une analyse statistique des offres d'accès au marché présentées par les

différents pays et du potentiel commercial existant ainsi que l'établissement de priorités dans les secteurs cibles ;

- **Les contraintes des secteurs cibles** ou encore l'analyse des contraintes rencontrées par les exportateurs dans les secteurs cibles et dans leurs échanges commerciaux intra-africains ;
- **La définition des mesures stratégiques pour stimuler les secteurs cibles identifiés** : il s'agit de la définition des différentes mesures, notamment pour résoudre les contraintes recensées, attirer les investissements sectoriels, donner la priorité aux actions à faible coût et attribuer des responsabilités institutionnelles pour la mise en œuvre de la stratégie.

XIX. Le comité de suivi et de mise en œuvre de la ZLECAf est-il indispensable ?

À côté de l'élaboration des stratégies nationales, les Chefs d'État africains ont pensé qu'il est essentiel de mettre en place dans chaque pays un dispositif institutionnel qui intègre la création d'un comité national dédié au suivi de la mise en œuvre de l'Accord, afin d'utiliser, au mieux, toute la gamme de possibilités offertes par la ZLECAf.

Ce comité devrait se positionner comme l'interface locale qui va travailler avec le Secrétariat de la ZLECAf y compris ses différents comités spécialisés, les CER et les différents partenaires internes et externes.

Pour être efficace, le comité national devrait être le reflet de l'expertise locale dans le domaine des négociations commerciales, de la mise en œuvre des accords commerciaux et de la mobilisation des financements.

En se basant sur l'expérience des comités du même type qui sont en charge du suivi des négociations et de la mise en œuvre des accords de l'OMC ou des APE dans les pays africains, l'idéal serait, qu'à tout le moins, le secrétariat technique du comité ne s'occupe exclusivement que de la ZLEZCAf, afin d'éviter la dispersion des énergies, source d'inefficacité.

En dehors des moyens alloués par les pouvoirs publics, le comité national devrait être capable de mobiliser des ressources additionnelles pour mener à bien les importantes tâches à lui confiées.

Dans chaque pays africain, la réussite de la mise en œuvre de la ZLECAf dépendra de l'ingéniosité et du niveau d'efficacité du comité national.

XX. En fin de compte, en termes concrets, que signifie la ZLECAf ?

S'il fallait résumer en de termes simples, concrètement, la ZLECAf, c'est ce qui suit :

- Les cinquante-cinq pays membres de l'Union africaine forment un seul et même marché ;
- Les entreprises, les commerçants et les consommateurs africains ne paieront plus de droits de douane sur une grande partie variée de biens échangés entre pays africains, du Cap à Alger, de Douala à Dakar, d'Addis-Abeba à Antanarivo, etc. ;
- Les commerçants entravés par des barrières non tarifaires, notamment les procédures douanières ou les formalités administratives excessives, disposeront d'un mécanisme visant à éliminer ces entraves ;
- La coopération entre les autorités douanières des différents pays en matière de normes et de réglementation s'appliquant aux produits, ainsi que le transit et la facilitation du commerce favoriseront la circulation des marchandises entre les frontières africaines ;
- Grâce à la libéralisation progressive du commerce des services, les fournisseurs de services auront accès aux marchés de tous les pays africains, à des conditions non moins favorables que les fournisseurs nationaux ;
- La reconnaissance mutuelle des normes et certifications, l'octroi de licences et la certification des fournisseurs de services permettront aux entreprises et aux particuliers de satisfaire plus facilement aux exigences réglementaires des différents marchés ;
- L'assouplissement du commerce entre les pays africains facilitera l'établissement de chaînes de valeur régionales et continentales dans lesquelles les intrants proviendront de différents pays africains en vue de la création de valeurs ajoutées avant l'exportation hors du continent ;

- Pour se protéger contre les poussées commerciales imprévues, les États parties pourront avoir recours à des mesures de défense commerciales pour assurer la sauvegarde des industries nationales, si nécessaire ;
- Un mécanisme de règlement des différends offre une solution fondée sur des règles pour le règlement de tout différend qui pourrait surgir entre les États parties dans le cadre de l'application de l'Accord ;
- Une fois conclues, les négociations de la deuxième phase offriront un environnement plus propice pour la reconnaissance des droits de propriété intellectuelle en Afrique, les investissements intra-africains, le développement du commerce électronique et la lutte contre les obstacles anticoncurrentiels.

CONLUSION

La cérémonie de démarrage des échanges commerciaux dans le cadre de la ZLECAf a été organisée le 1er janvier 2021 alors même que les négociations se poursuivent encore. Le Secrétaire de la ZLECAf, installé à Accra, coordonne dorénavant les négociations et les activités de mise en œuvre de l'Accord.

D'après la Banque Mondiale, cette zone de libre-échange pourrait sortir des dizaines de millions de personnes de la pauvreté d'ici 2035. Des études empiriques montrent en effet qu'avec la ZLECAf, l'extrême pauvreté va diminuer sur l'ensemble du continent, les améliorations les plus importantes se produisant dans les pays où les taux de pauvreté sont très élevés.

L'Afrique de l'Ouest, par exemple, devrait connaître la plus forte diminution du nombre de personnes vivant dans l'extrême pauvreté, avec une baisse de 12 millions d'individus, suivie de l'Afrique centrale, qui enregistrerait une baisse de 9,3 millions de personnes.

En outre, la ZLECAf devrait rendre les pays africains plus compétitifs, offrant ainsi une opportunité certaine pour l'amélioration de la mise en œuvre des Objectifs de Développement Durable (ODD) ainsi que de l'Agenda 2063.

Il est clair que tout ceci ne va pas de soi. Le marché commun en perspective reste confronté à un certain nombre d'obstacles, parmi lesquels la médiocre qualité des infrastructures de commerce, les lourdes procédures administratives, les politiques protectionnistes de certains pays africains, la disparité des niveaux de développement entre les CER, les problèmes de corruption, etc. Tous ces points restent et demeurent une menace sérieuse pour ce projet très ambitieux.

L'on ne saurait occulter l'étroitesse des marchés dans certains pays, la faiblesse du pouvoir d'achat des citoyens, la pauvreté des marchés des capitaux qui financent les activités de commerce et d'intégration, l'insuffisance dans certains pays d'une base de production diversifiée, associée à de faibles liens en amont et en aval entre l'agriculture et l'industrie ainsi que les mécanismes institutionnels et juridiques peu efficaces pour implémenter des programmes et des projets régionaux ou continentaux qui viendraient soutenir la ZLECAf. L'on ne saurait oublier la réticence de certains pays africains à céder une partie de leur souveraineté aux principaux organes de l'UA ou aux CER, ni l'absence des mécanismes de coordination et d'harmonisation efficaces des politiques régionales. De même, la persistance des conflits dans certaines régions de l'Afrique risque d'être un frein important à la mise en œuvre de la ZLECAf.

Chacun de ces points représente, à lui tout seul, un immense défi à relever pour maintenir le processus sur les rails dans des conditions appropriées.

Trouver des solutions à toutes ces questions contribuera à faire de la ZLECAf et des étapes à venir prévues dans le Traité d'Abuja (l'union douanière, le marché commun et l'union économique et monétaire) des succès destinés à tordre le cou aux idées reçues manifestement invalidantes, que l'Afrique traîne comme des boulets depuis la période des indépendances.

Il faut tout aussi mentionner que la libéralisation des tarifs douaniers est importante, mais à elle seule, elle n'augmenterait les revenus du continent que de très peu, si elle ne s'accompagne pas d'autres mesures facilitant les échanges et qui favorisent l'intégration des entreprises africaines dans les chaînes d'approvisionnement régionales ou continentales.

Ces améliorations nécessiteront des efforts importants de la part des pays afin d'atténuer la charge qui pèse sur les entreprises et les commerçants pour franchir rapidement les frontières, en toute sécurité, et avec un minimum d'interférences de la part des fonctionnaires chargés de la libre circulation des marchandises.

La création d'un marché à l'échelle du continent exige donc une action volontariste pour réduire tous les coûts commerciaux. Il faudra pour cela adopter des lois et réglementations adaptées permettant aux marchandises, aux services, aux capitaux, aux personnes et aux informations de traverser librement les frontières, de créer un environnement commercial compétitif à même de stimuler la productivité et l'investissement, et de promouvoir la compétitivité vis-à-vis de l'extérieur ainsi que les investissements directs étrangers devant favoriser la productivité et l'innovation des entreprises nationales.

Dans quelques secteurs vulnérables, les gouvernements devront aussi être prêts à soutenir les travailleurs en mettant en place des filets de sécurité et des dispositifs de reconversion adaptés. Les pouvoirs publics et acteurs privés devront concevoir des politiques visant à mieux préparer la main-d'œuvre à tirer parti des nouvelles opportunités qu'offre la ZLECAf. C'est ce à quoi devraient servir les nombreuses stratégies nationales et régionales de mise en œuvre de l'Accord élaborées et implémentées ici et là, mais aussi d'autres instruments comme le mécanisme de suivi et d'élimination des barrières non tarifaires ainsi que le mécanisme de paiement et de règlement en ligne de la ZLECAf.

L'on n'oublie pas les régimes commerciaux simplifiés qui apporteront par exemple des facilités aux petits commerçants.

À dire vrai, l'opérationnalisation de la ZLECAf nous situe sur les progrès accomplis depuis le lancement de ce processus ainsi que sur la volonté du continent africain d'aller plus loin dans son intégration. La ZLECAf est l'expression d'une Afrique unie, pas seulement dans le concept, mais dans les faits.

L'on peut maintenant reconnaître que le pari a été bel et bien tenu. Il reste à en assurer le suivi, finaliser les négociations et faire en sorte que le processus soit inclusif.

Avec la ZLECAf, les lignes bougent en Afrique. Finalement, les pays africains ont compris, comme partout dans le monde, qu'on ne peut pas être compétitif ni vaincre les plus grands obstacles du 21e siècle si l'on ne tire pas le bénéfice des synergies et des compétences de ses voisins, l'intégration de proximité étant le premier étage de cette fusée qu'est la mondialisation.

L'heure de l'Afrique a-t-elle enfin sonné ?

Au moment où les négociations multilatérales du cycle de Doha sur les règles commerciales piétinent, l'on observe en effet la montée en puissance des accords commerciaux régionaux. Qu'il s'agisse de l'Accord commercial transpacifique[30], du Partenariat transatlantique

[30] L'Accord de partenariat transpacifique (PTP) est l'une des plus importantes initiatives commerciales internationales (méga-accord régional) dont le premier traité a été signé le 4 février 2016. Il est entré en vigueur le 30 décembre 2018. Il regroupe à ce jour 11 pays de la région Asie-pacifique : l'Australie, Brunei-Darussalam, le

sur le commerce et l'investissement [31] ou de l'Accord global de partenariat économique régional de l'Asie[32], on se rend compte à l'évidence que les uns et les autres ont le regard tourné vers leurs régions dans le but d'optimiser les synergies régionales. Jusqu'ici, l'Afrique restait le seul continent à ne pas s'arrimer à cette mouvance. Maintenant que c'est fait, il reste que les cinquante-cinq pays africains accordent définitivement leurs violons pour que la ZLECAf devienne un véritable instrument de transformation structurelle et de développement au service de tous et de chacun et aide à construire, en fin de compte, cette « Afrique que nous voulons » tous.

Canada, le Chili, le Japon, la Malaisie, le Mexique, la Nouvelle-Zélande, le Pérou, Singapour et le Vietnam.

[31] En cours de négociation, le Partenariat transatlantique sur le commerce et l'investissement est un accord de libre-échange entre les États-Unis et l'Union Européenne.

[32] Cet Accord de libre-échange a été signé le 15 novembre 2020 entre 15 pays de la région Asie-Pacifique. Il regroupe, outre les 10 membres (Indonésie, Thaïlande, Singapour, Malaisie, Philippines, Vietnam, Birmanie, Cambodge, Laos et Brunei) qui forment l'Association des Nations de l'Asie du Sud-Est (ASEAN), l'Australie, la Nouvelle-Zélande, le Japon, la Corée du Sud et la Chine.

BIBLIOGRAPHIE

Banque mondiale, indicateurs du développement dans le monde (base de données) http://data.worldbank.org/datacatalog/worlddevelopment.indicators.

Byiers B, L'économie politique de l'intégration régionale en Afrique : Ce qui motive et limite les organisations régionales ? Maastricht : Centre européen de gestion des politiques de développement (ECDPM).

CEA, CUA et BAD, État de l'intégration régionale en Afrique IV : Développer le commerce intra-Africain, Addis-Abeba 2010.

_____État de l'intégration régionale en Afrique V : Vers une zone de libre-échange continentale, Addis-Abeba, 2012.

_____État de l'intégration régionale en Afrique VI : Harmonisation des politiques visant à transformer l'environnement commercial, Addis-Abeba, 2015.

_____État de l'intégration régionale en Afrique VII : Innovation, compétitivité et intégration régionale, Addis-Abeba, 2016.

_____État de l'intégration régionale en Afrique VIII : Vers la réalisation de la zone de libre-échange continentale, 2017.

CEA, Rapport économique sur l'Afrique : Politique industrielle dynamique en Afrique, Addis-Abeba, 2014.

_____Zone de libre-échange continentale africaine : Vers la finalisation des modalités concernant les marchandises, Addis-Abeba, juin 2018.

CEA et UA, Rapport économique sur l'Afrique : Libérer le potentiel de l'Afrique en tant que pôle de croissance mondiale, Addis-Abeba, 2012.

CEEAC et BAD, Projet d'Appui Institutionnel à la mise en œuvre de l'Accord sur la facilitation des échanges en Afrique centrale : Étude sur les entraves au commerce transfrontalier des femmes en Afrique Centrale, rapport provisoire, octobre 2018.

COMESA, CAE et SADC, magazine du sommet Tripartite : L'histoire en actions : la zone de libre-échange tripartite lancée, Charm-el-Cheik, juin 2015.

CUA, Agenda 2063 : Premier plan décennal d'exécution pour 2014-2023, Addis-Abeba, Union africaine, http://www.nepad.org/ressource/agenda-2063-first-tenyear-implementationplan-2014-2023.

_____Compte rendu des réunions des instances des négociations de la ZLECAf, Addis-Abeba, de 2016 à 2020.

_____Intensification du commerce intra-africain : Questions liées au commerce intra-africain, plan d'action proposé pour l'intensification du commerce intra-africain, cadre pour l'accélération de la mise en place d'une zone de libre-échange continentale, Addis-Abeba, février 2012.

_____Plan d'action de Lagos pour le développement de l'Afrique, Lagos, 1980.

_____Rapports de Mamadou Issoufou, Président du Niger, Champion de la ZLECAf, à la Conférence des Chefs d'État de l'UA, Addis-Abeba, de 2017 à 2020.

_____Traité constitutif de la Communauté économique africaine (Traité d'Abuja), Abuja, 1991.

MINEPAT (ministère camerounais en charge de l'Économie, et ACBF [Fondation pour le renforcement des capacités en Afrique], Étude sur la consolidation et le positionnement du Cameroun comme pays de transit et plateforme [hub] des échanges intra-africains : comment donner aux entreprises nationales une identité régionale ? - Rapport de mission.

OMC, Liste de tous les accords régionaux, 2019.

OUA, Charte fondatrice de l'Organisation de l'unité africaine, Addis-Abeba, 1963.

_____Discours de Kwame Nkrumah, Président du Ghana, prononcé lors de la Conférence des Chefs d'État africains le 24 mai à Addis-Abeba, 1963.

_____Discours d'ouverture prononcé le 22 mai 1963 par Hailé Sélassié, Empereur d'Éthiopie, lors de la cérémonie d'ouverture de la Conférence des Chefs d'État africains à Addis-Abeba.

UA, CEA et CAPC, La zone de libre-échange continentale africaine : Questions et réponses, Addis-Abeba, 2018.

UA, Rapport sur l'état de l'intégration régionale en Afrique, Addis Abeba, mars 2019.

TABLES DES MATIÈRES

Structures éditoriales du groupe L'Harmattan

L'Harmattan Italie
Via degli Artisti, 15
10124 Torino
harmattan.italia@gmail.com

L'Harmattan Hongrie
Kossuth l. u. 14-16.
1053 Budapest
harmattan@harmattan.hu

L'Harmattan Sénégal
10 VDN en face Mermoz
BP 45034 Dakar-Fann
senharmattan@gmail.com

L'Harmattan Cameroun
TSINGA/FECAFOOT
BP 11486 Yaoundé
inkoukam@gmail.com

L'Harmattan Burkina Faso
Achille Somé – tengnule@hotmail.fr

L'Harmattan Guinée
Almamya, rue KA 028 OKB Agency
BP 3470 Conakry
harmattanguinee@yahoo.fr

L'Harmattan RDC
185, avenue Nyangwe
Commune de Lingwala – Kinshasa
matangilamusadila@yahoo.fr

L'Harmattan Congo
67, boulevard Denis-Sassou-N'Guesso
BP 2874 Brazzaville
harmattan.congo@yahoo.fr

L'Harmattan Mali
ACI 2000 - Immeuble Mgr Jean Marie Cisse
Bureau 10
BP 145 Bamako-Mali
mali@harmattan.fr

L'Harmattan Togo
Djidjole – Lomé
Maison Amela
face EPP BATOME
ddamela@aol.com

L'Harmattan Côte d'Ivoire
Résidence Karl – Cité des Arts
Abidjan-Cocody
03 BP 1588 Abidjan
espace_harmattan.ci@hotmail.fr

Nos librairies en France

Librairie internationale
16, rue des Écoles
75005 Paris
librairie.internationale@harmattan.fr
01 40 46 79 11
www.librairieharmattan.com

Librairie des savoirs
21, rue des Écoles
75005 Paris
librairie.sh@harmattan.fr
01 46 34 13 71
www.librairieharmattansh.com

Librairie Le Lucernaire
53, rue Notre-Dame-des-Champs
75006 Paris
librairie@lucernaire.fr
01 42 22 67 13

www.ingramcontent.com/pod-product-compliance
Lightning Source LLC
LaVergne TN
LVHW010054061026
849532LV00004BC/1360